DAILY
法学選書

社会人の法律レッスン

会社法ビギナーズ

令和元年12月法改正完全対応！

デイリー法学選書編修委員会［編］

三省堂

はじめに

情報化社会の進展や経済のグローバル化が著しい昨今、会社の業務運営に関しては、これまで以上に法令遵守の意識が求められるようになってきています。コーポレート・ガバナンスや内部統制システムが甘い会社は、国内外の投資家から投資先として不適格との烙印が押されるおそれがあります。また、法令違反などの不祥事がひとたび起きれば、インターネットなどを通じ、その情報はたちまちのうちに社会の隅々にまで拡散されます。その結果、不祥事を起こした会社の商品やサービスなどは消費者から敬遠され、業績に多大な悪影響が及ぶことになります。

したがって、会社の業務運営を担うビジネスマンが、法令を知り、その遵守に努めることは、リスクマネジメントとして必須だといえます。会社の規模や所属する部署に関係なく、ビジネスマンとして知っておきたいのが会社法です。

株式会社を例にとると、会社法は、設立、機関、計算書類、資金調達、組織再編に関する事項などに加え、刑事罰や登記に関する事項まで規定しており、範囲が広く、内容も多岐にわたります。

本書は、このような会社法の特徴をふまえ、対内的な組織運営・管理から対外的なＭ＆Ａに至るまで、会社の規模に関係なく実務上知っておかなければならない事柄について、ポイントを絞った平易な解説を心がけています。なお、本書は、社外取締役の設置義務化や株式交付制度、会社補償、役員等賠償責任保険、株主総会資料の電子提供制度などを定めた令和元年の改正会社法に対応しています。

本書を広く、皆様のお役に立てていただければ幸いです。

デイリー法学選書編修委員会

Contents

第3章 取締役の義務・権限・責任

第5章 株式とその他の関連知識

第6章 株式会社の計算、株式・社債の発行などの資金調達のしくみ

第７章　事業再編・解散清算のしくみ

第1章
会社法の全体像

図解 会社法改正の具体的な内容

令和元年会社法改正（会社法の一部を改正する法律）

- 令和元年（2019年）年12月4日成立⇒同年12月11日公布
- 施行日：【原則】公布日より1年6か月以内に施行
  【例外】株主総会資料の電子提供制度の創設など一部については、公布日より3年6か月以内に施行

改正ポイント1 株主総会資料の電子提供制度の創設【改正325条の2～325条の5】

現行法上もインターネットなどを用いて株主総会資料を株主に提供することは可能 ⇒ 個別に株主の承諾を得なければならない

★ 電子提供制度の創設

- 株式会社は定款で定めることにより、株主の個別の承諾がなくても、株主総会資料をウェブサイトに掲載する「電子提供制度」を採用することができる
  ⇒株主総会の招集通知に、株主総会資料を掲載しているウェブサイトのアドレスなどを記載することにより通知する
  ∴株主総会資料の早期提供と印刷・配送コストの削減の実現
- 株主総会資料について書面での交付を希望する株主は、株式会社に対して書面の交付を請求できる
  ∴インターネットに習熟していない株主への配慮

改正ポイント2 株主提案権の制限【改正305条4項・5項】

株主総会において議案を提出する権利は、株主の権利として重要
⇒ ただし1人の株主が、あまりにも多数の議案を株式会社に対して提案すると、株主総会が混乱したり、会社に過度の負担が生じるなどのおそれがある

★ 株主提案権の制限

∴株主の株主提案権の濫用に対する一定の歯止め

- 1人の株主が提案できる議案の数は「10まで」に制限

改正ポイント3　会社補償・役員等賠償責任保険【改正430条の2・3】

会社補償や役員等賠償責任保険（D&O 保険）について、明文の規定を設けて、会社法の規制に従う限り、利益相反取引にあたらないことを明記した

★ **会社補償**

役員等の責任を追及する訴えが提起された場合などに、役員等が負担する費用や損害賠償金などを株式会社が補償すること

★ **役員等賠償責任保険**

役員等の責任を追及する訴えが提起された場合などに、役員等が負担する費用や損害賠償金などを補填する内容の保険契約

改正ポイント4　社外取締役の設置義務化【改正327条の2】

社外取締役は、客観的な視点から取締役などの職務の執行を監視・監督する機能が期待される

★ **一定の上場会社等における社外取締役の設置義務化**

⇒一定の上場会社等（公開会社かつ大会社である監査役会設置会社であって、金融商品取引法により有価証券報告書の提出が義務付けられている株式会社）は、１名以上の社外取締役を設置しなければならない

改正ポイント5　株式交付制度の創設【改正774条の2など】

現行法上、自社の株式を対価として他社を子会社化する方法は、株式交換か他社の株式の現物出資を対価とする新株発行

⇒株式交換は完全子会社化する場合しか利用できず、現物出資は手続きが面倒でコストがかかる

★ **株式交付制度の創設**

- 他社を子会社化するために、自社の株式を対価として、他社の株式を取得できる制度

  ⇒株式交換に似ているが、完全子会社化する必要はない

1 会社法とはどんな法律なのか

どんなことを規定する法律なのか

会社法とは「会社」に関連するさまざまなルールを定めた法律です。私たちは、個人同士で取引をすることもあれば、個人と会社との間で、あるいは会社同士で取引をすることもあります。会社法は、これらの取引の主体となり得る会社という団体の設立から解散・清算に至るまでの手続き、組織、運営などについて定めたルールです。

現代社会において、会社はきわめて重要な地位を占めます。私たちの生活は、会社なくしては成り立たないことから、会社は大きな影響力を持っており、そのために、会社内外に存在する利害関係を調整する必要が出てきます。

会社法は、会社をめぐる利害関係者のうち、おもに会社に対して出資をしている者（社員）や、会社に対して融資・納品をしている金融機関・取引先などの債権者の利害に配慮して、会社の設立手続き、会社の機関、会社の計算、会社の組織再編などに関する規定を置いています。

会社法の規定の中心は株式会社に関するものですが、持分会社に関する規定も置かれています。

商法および民法との関係

会社に関する法律関係に適用される法律は会社法だけではありません。民法や商法をはじめ、さまざまな法律が適用されます。そこで、どの法律が優先して適用されるのかが問題となります。

①　商法と会社法の関係

商法とは、商人の営業、商行為といった商事について規定した法律

● 商法および民法と会社法との関係

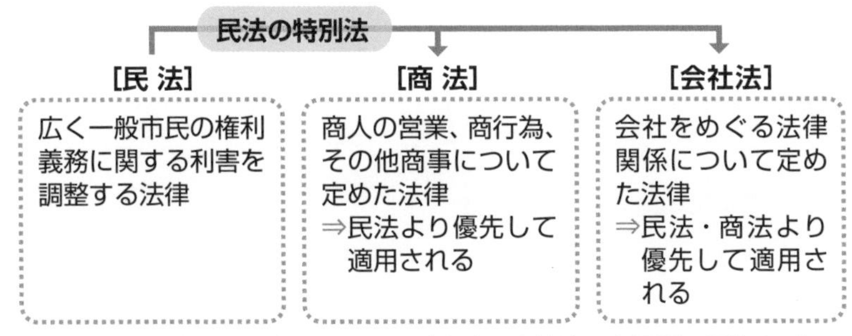

です。商人とは、会社や個人事業主（自営業者）など自分の名で事業として商行為を行う者です。商行為とは、商人が行う営業活動のことです。商事とは、商人の営業、商行為を含めて、商法により規制すべき商取引などの事柄を指すと考えてよいでしょう。

会社も組織体としての商人にあたり、会社が行う営業活動は商行為にあたります。会社をめぐる法律関係は、商法より会社法が優先して適用され、会社法が規定していない事項について商法が適用される、という関係にあります。

② 民法と会社法の関係

民法は、会社などに限らず、広く一般市民の権利義務に関する利害を調整する法律です。これに対し、商法は商人が当事者となる場合に、会社法は会社に関する事項に適用される法律です。たとえば、海外旅行中に入手した衣類を友人が買い取る場合は民法が適用されますが、商人が買い取る場合は商法・会社法が優先して適用されます。このように、商事については商法・会社法が民法に優先して適用される関係にあり、これを「商法・会社法は民法の特別法である」といいます。

そして、商慣習（商取引の過程で形成された慣習）も民法より優先して適用されるため、会社に関しては、①会社法、②商法、③商慣習、④民法の順に適用していくのが基本になります。

2 会社の種類

会社の種類とその社員の責任

会社法が規定する会社は、株式会社、合名会社、合資会社、合同会社の４種類です。このうち、合名会社、合資会社、合同会社を総称して持分会社と呼んでいます。会社の種類の違いは、とくに社員（会社法では会社への出資者のこと）が会社債権者（取引先など会社に対して債権を持つ者のこと）に対して負う責任の重さの違いに表れてきます。

① **株式会社**

株主という社員のみで構成される会社です。株主としての地位を株式といいます。株主は、株式会社に出資するのみであり、会社債権者に対して債務を直接弁済する責任を負わず、株式会社に出資した額を超える責任を負うこともありません。これを間接有限責任といいます。

② **合名会社**

全社員が会社債権者に対して直接無限に責任を負う会社です。このような社員を無限責任社員といいます。直接無限に責任を負うとは、会社財産だけで債務を完済できない場合、社員が個人財産から直接弁済する責任があるという意味です。

③ **合資会社**

無限責任社員と有限責任社員から構成される会社です。合資会社の有限責任社員は、出資額を限度に、会社債権者に対して直接弁済する責任を負います。なお、合名会社と合資会社の社員は、社員となる時に会社に対して出資額のすべてを支払う義務を負いません。

③ **合同会社**

有限責任社員のみで構成される会社です。合同会社の有限責任社員は、株式会社の株主と同じく、間接有限責任です。なお、株式会社の

● 会社の種類

<table>
<tr><th colspan="2">会社の種類</th><th>特徴など</th></tr>
<tr><td colspan="2">株式会社</td><td>・株主は間接有限責任を負うにとどまる
・株主ではなく取締役などが業務を執行する</td></tr>
<tr><td rowspan="3">持分会社</td><td>合名会社</td><td>・全社員が会社債権者に対して直接無限に責任を負う会社（全社員が無限責任社員）</td></tr>
<tr><td>合資会社</td><td>・無限責任社員と有限責任社員から構成される会社
・有限責任社員は会社債権者に対して直接責任を負う</td></tr>
<tr><td>合同会社</td><td>・有限責任社員のみで構成される会社
・有限責任社員は間接有限責任を負うにとどまる</td></tr>
</table>

株主と合同会社の社員は、出資額のすべてを支払わないと株主・社員の地位を取得することができません。合同会社は、社員（出資者）自ら会社の業務を執行する点や、より柔軟な組織運営が可能な点などにおいて株式会社との違いがあります。

持分会社の基本構造

持分会社の社員となった者は、**持分**という社員の地位を取得します。これは株式会社における株式に相当します。持分会社には、株主総会や取締役に相当する機関は存在しません。持分会社の意思決定は、原則として社員の過半数の決定によります。社員の責任の軽重（無限か有限か）や出資額の多寡に関係なく一人一議決権が原則です。また、社員は、原則として各自が会社の業務を遂行する権限や、会社を代表する権限を持ちます。

したがって、持分会社の社員は、一人ひとりが大きな権限を持ちます。ただし、これらの原則的な取扱いを定款の定めなどで変えることもできます。この意味で、持分会社は自由度の高い会社といえます。

3 株式会社の特徴と設立

株式会社の特徴

株式会社の特徴として、出資者である株主以外の者が、取締役として株式会社の経営にあたることを可能にしている点が挙げられます。これを所有と経営の分離といいます。具体的には、株式会社に出資して株主になった者が取締役を選出し、取締役に株式会社の経営を任せるしくみをとることが可能になっています。

所有と経営の分離によって、広く出資を集めることや、外部の有能な人材を取締役などに登用することが可能になります。

また、株主は、株式会社に出資するのみであり、その株式会社の債権者などに対して直接責任を負担することはありません(間接有限責任)。

発起設立と募集設立

株式会社の設立方法は、発起人のみが設立時の株主になる発起設立と、発起人以外の者からも出資を募る募集設立があります。

発起設立とは、発起人として定款に記載した者が、設立時の発行株式のすべてを引き受けて、株式会社を設立する方法です。発起人は、株式を引き受けた後、出資の履行（金銭払込みもしくは現物出資）をする必要があります。預合(あずけあい)などの方法で出資を仮装しても、出資の払込みとしては無効です。預合とは、たとえば、発起人が銀行から、出資の履行のための資金を借り入れ、その銀行に出資の払込みを行いますが、借入金の返済まで払込金の返還を請求しないことを銀行と取り決めておくような行為です。預合については刑事罰があります。

募集設立とは、設立時に発行する株式について、発起人が一部を引き受けて、残りは引受人を募ることで、株式会社を設立する方法です。

株式会社の設立方法

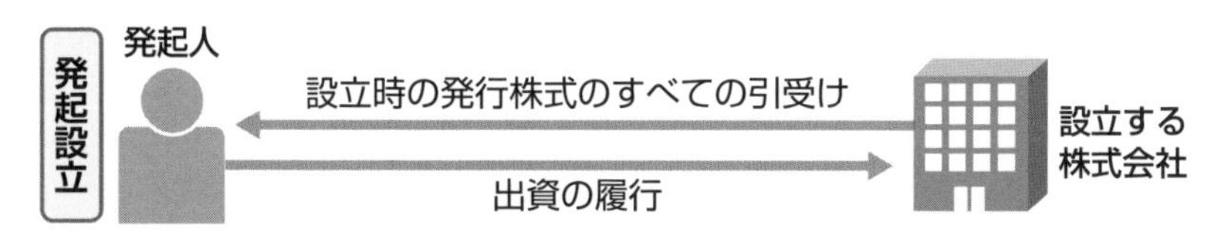

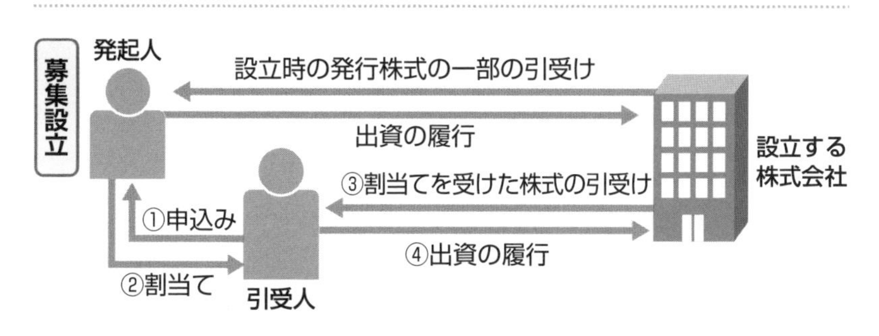

なお、実際には、発起設立の場合がほとんどです。

定款の作成

株式会社を設立するための最初の手続きとして、発起人が、根本規則である定款を作成しなければなりません。定款への記載事項は、絶対的記載事項、相対的記載事項、任意的記載事項に分類されています。

絶対的記載事項とは、定款に必ず記載しなければならない事項です。絶対的記載事項を１つでも欠いている定款は無効になります。具体的には、株式会社の目的、商号、本店所在地、設立の際に出資する財産の価額もしくは最低額、発起人の氏名・名称・住所が絶対的記載事項にあたります。また、発行可能株式総数も、遅くとも設立登記の申請時までに定款に定めておく必要があります。

相対的記載事項とは、記載しなくても定款は有効ですが、定款に記載しない限り効力が認められない事項のことです。たとえば、金銭以外の財産をもって出資する場合（現物出資）における財産の価額などが相対的記載事項にあたります。

任意的記載事項とは、定時株主総会の開催時期など、株式会社が任意で定款に記載する事項のことです。

株式会社を設立するまでの大まかな流れ

以下では、発起設立の場合について説明します。株式会社を設立するまでの大まかな手続きは、①定款の作成・認証、②出資の履行、③設立の登記という流れをたどります。

① 定款の作成・認証

定款に記載すべき事項は前述のとおりですが、商号については、同一本店所在地で同一商号は禁止されていますし、他社の有名な商号等と類似の商号を使用すると違法となる場合もありますので、事前に商号調査を行います。

また、会社の目的は、有効に事業活動を行うことができる範囲になりますので、設立後の事業に支障のないよう検討が必要です。取締役などは、後で選任することもできますが、定款に記載することが多いといえます。作成した定款は、公証役場で公証人の認証を受ける必要があります。なお、定款は書面ではなく電子定款（PDF）にすることもできます。印紙代を節約できますが、電子署名などの準備が必要になります。

② 出資金の払込み

銀行などで行う必要があり、発起人の口座に発起人名義で出資金全額を払い込みます。また、出資の履行は、金銭以外の財産による現物出資も可能です。たとえば、事業拠点に使用する不動産や、什器備品を出資するような場合です。現物出資の場合、物の価値が過大に評価されると、出資者が不当に多くの株式を取得するなどの弊害があるため、原則として裁判所が選任した検査役の調査が必要です。ただし、現物出資の総額が500万円以下の場合など、一定の場合には検査役の調査が不要になります。

● 定款の記載事項

定款の記載事項	内容など
絶対的記載事項	定款に必ず記載しなければならない事項
	(例) 株式会社の目的、商号、本店所在地など
相対的記載事項	定款に記載しない限り効力が認められない事項
	(例) 金銭以外の財産を出資する場合の財産の価額など
任意的記載事項	株式会社が任意で定款に記載する事項
	(例) 定時株主総会の開催時期など

③　設立登記の申請

本店所在地を管轄する法務局で行います。必要書類としては、認証済みの定款の他、出資の払込みについて**払込証明書**を作成し、通帳のコピーを添付する必要があります。また、取締役などの就任承諾書、印鑑証明書、設立手続きに関する取締役などによる調査報告書などが必要です。

設立に関する責任

会社法は、発起人などが株式会社の設立に関して不正な行為を行うことで、会社財産を危うくし、会社債権者などの関係者に不利益を与えないように、発起人などに対し、一定の責任を負わせています。たとえば、出資の払込みを仮装した発起人や引受人は、仮装した出資額に相当する金額を会社に支払う責任を負います。

また、設立に関する任務を怠った発起人などは、これにより損害を受けた設立後の株式会社に対して損害賠償責任を負います（**任務懈怠責任**)。

なお、定款に発起人以外の者が発起人として署名した場合は、その者を発起人とみなして（擬似発起人)、設立に関する責任を負うことになっています。

4 コーポレート・ガバナンス

コーポレート・ガバナンスとは

コーポレート・ガバナンスとは、株主をはじめとする関係者の利益を守るため、会社経営の透明性を確保し、適法性や効率性などを監視・監督する体制を確保することであり、企業統治とも呼ばれています。取締役・取締役会などの株式会社の経営側には、会社経営について適法性と効率性を両立できるように、株式会社を適切にコントロールできる体制を構築することが求められています。

コーポレート・ガバナンスの必要性が提唱された背景には、大きく２つの原因があります。まず、株主総会の機能不全が挙げられます。とくに取締役会設置会社においては、株主総会で決定できる事項が限定され、所有と経営の分離が進んでおり、また、上場会社等では、株式会社の経営の詳細を把握することなく、株価や利益配当などに関心を持つにとどまる株主が多くなります。そのため、取締役をはじめとする経営側は、株主総会において、会社経営に関する株主の質問に対する説明義務を負っていますが、株主が会社経営の適法性や効率性を適切にチェックする機能を果たすことが困難な場合があります。

次に、日本の株式会社の取締役などが、経営陣の指揮監督下に置かれている従業員が昇任する形で就任するケースが多いことが挙げられます。とくに取締役会設置会社では、取締役会を通じて代表取締役の監視・監督機能を果たすはずの取締役が、代表取締役の言いなりになっていることも多く、強引な会社経営に対して異論を唱えることができず、粉飾決算をはじめとする会社不祥事が発生する温床になっていました。

そこで、適法性と効率性の両面から、とくに業務執行の意思決定に

● コーポレート・ガバナンス

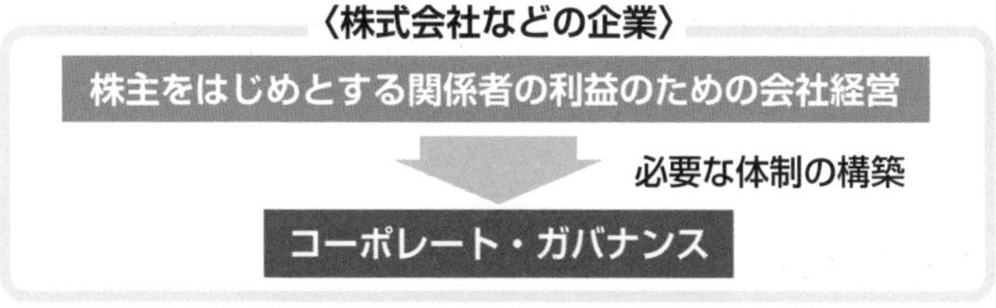

〈株式会社などの企業〉

株主をはじめとする関係者の利益のための会社経営

↓ 必要な体制の構築

コーポレート・ガバナンス

コーポレート・ガバナンスに関する会社法の具体的な規定

【例】社外取締役の活用などに関する規定
⇒指名委員会等設置会社や監査等委員会設置会社に関する規定、一定の上場会社等の社外取締役の設置義務に関する規定（令和元年成立の会社法改正）など

ついて権限を持っている会社経営者の行為を監視・監督するための体制として、適切なコーポレート・ガバナンスを構築することが、会社経営にとって重要だといえます。

会社法改正によるコーポレート・ガバナンスの強化

会社法は、コーポレート・ガバナンスに関する規定を多く設けています。たとえば、取締役会内部において経営側の業務執行を監視・監督することを可能にするために、指名委員会等設置会社や監査等委員会設置会社に関する規定を設けています。これらにあたる株式会社に設置される各種の委員会には、その役割に応じて、業務執行の監視・監督の権限、取締役の報酬の決定権、会計監査人の選任・解任の議案決定権などを与えて、適切な監視・監督を行うしくみを整えています。さらに、令和元年成立の会社法改正では、コーポレート・ガバナンスの一層の強化のために、一定の上場会社等に社外取締役の設置を義務付ける規定などが盛り込まれました。

また、会社法の他、金融商品取引法に基づく有価証券報告書などの情報開示による会社経営の透明性の確保も重要です。

5 株式会社の機関設計

株式会社の機関と機関設計のパターン

株式会社の機関とは、株式会社の意思決定を行い、またはその事業運営に関与する者や会議体を指します。株式会社の機関としては、株主総会（種類株式を発行している株式会社には種類株主総会もあります）、取締役、取締役会（取締役全員で構成される会議体）、会計参与、監査役、監査役会（監査役全員で構成される会議体）、会計監査人、監査等委員会、指名委員会等（指名委員会、監査委員会、報酬委員会）、執行役があります。

すべての株式会社には、最高意思決定機関である株主総会と事業運営を担う取締役を、必ず設置しなければなりません。その他の機関については、基本的に株式会社が選択して設置するか否かを決定することができます。株式会社ごとに事業規模や設立目的などが異なるため、株式会社の自主性に任せた柔軟な機関設計を認めています。そして、株式会社が選択する機関設計は、定款に記載するとともに、その登記申請も行わなければなりません。

もっとも、機関設計については、会社法の規定により、一定規模以上の株式会社や特定の機関を設置する株式会社について、設置を義務付けている機関、逆に設置が禁止されている機関があることに注意しなければなりません。たとえば、公開会社（全部または一部の株式の自由な譲渡が認められている会社）においては、必ず取締役会を設置しなければならず、指名委員会等設置会社や監査等委員会設置会社においては、監査役を設置することができません。

会社法の規定に従って、株式会社が選択することができる機関設計を示すと、次ページ図のとおりとなります。

株式会社の機関設計

株主総会	取締役	【非公開会社・大会社以外】			
					（会計参与）
			監査役		（会計参与）
			監査役	会計監査人	（会計参与）
		取締役会	会計参与		
		取締役会	監査役		（会計参与）
		取締役会	監査役	会計監査人	（会計参与）
		取締役会	監査役会		（会計参与）
		取締役会	監査役会	会計監査人	（会計参与）
		取締役会	指名委員会等	会計監査人	（会計参与）
		取締役会	監査等委員会	会計監査人	（会計参与）
		【非公開会社・大会社】			
			監査役	会計監査人	（会計参与）
		取締役会	監査役	会計監査人	（会計参与）
		取締役会	監査役会	会計監査人	（会計参与）
		取締役会	指名委員会等	会計監査人	（会計参与）
		取締役会	監査等委員会	会計監査人	（会計参与）
		【公開会社・大会社以外】			
		取締役会	監査役		（会計参与）
		取締役会	監査役	会計監査人	（会計参与）
		取締役会	監査役会		（会計参与）
		取締役会	監査役会	会計監査人	（会計参与）
		取締役会	指名委員会等	会計監査人	（会計参与）
		取締役会	監査等委員会	会計監査人	（会計参与）
		【公開会社・大会社】			
		取締役会	監査役会	会計監査人	（会計参与）
		取締役会	指名委員会等	会計監査人	（会計参与）
		取締役会	監査等委員会	会計監査人	（会計参与）

取締役会を設置する株式会社と設置しない株式会社との違いについて教えてください。

取締役会の有無により、株主総会の役割など、株式会社の根本的な構造が異なる点に注意が必要です。

取締役会設置会社とは、取締役全員によって構成される会議体です。定款の定めにより設置されます。公開会社など、取締役会の設置が義務付けられる株式会社もありますが、原則として取締役会の設置は任意です。

取締役会設置会社の大きな特徴は、株式会社の事業運営に関する事項については、基本的に取締役会に決定権限が与えられているという点です。取締役会設置会社では、株式会社に出資をする株主と、経営を担う取締役会の構成員である取締役との区別が明確化され（所有と経営の分離）、株主総会には会社法や定款で定められた事項についての決定権限のみが与えられています。

これに対して、取締役会を設置しない株式会社（取締役会非設置会社）においては、株主総会が意思決定機関としての性質を強く持ちます。そのため、取締役会非設置会社の株主総会には、事業運営や管理に関する事項を含めて、株式会社に関するあらゆる事項について決議をする権限が与えられています。

したがって、取締役会設置会社と取締役会非設置会社の違いは、取締役が主導して株式会社の事業運営を行っていくのか、それとも株主が直接的に事業運営に関与していくのかの違いだといえます。なお、取締役会非設置会社において、複数の取締役が会議体を構成することがありますが、会議体が定款に基づき構成されていない以上、会社法上の取締役会にはあたりません。

公開会社と非公開会社はどう違うのでしょうか。大会社との関係についても教えてください。

A 定款の定めにより、すべての株式の譲渡について制限があるか否かによって、両者は区別されています。

日常用語として公開会社という場合には、一般に株式の取引が証券取引所によって取り扱われる株式会社（上場会社）のことを指します。しかし、**会社法上の公開会社**とは、定款の定めによって、全部または一部の株式について譲渡制限が設けられていない株式会社を指します。そのため、証券取引所において株式が取引されていない株式会社でも、公開会社にあたる場合があります。

公開会社においては、一部の種類の株式に限定して、定款の定めによって譲渡制限を設けることも可能です。したがって、一部の種類の株式に譲渡制限が設けられていても、譲渡制限が設けられていない株式がある以上、その株式会社は公開会社にあたることに注意が必要です。

これに対して、**非公開会社**とは、定款の定めによって、すべての株式について譲渡制限が設けられており、株式を譲渡する場合は株式会社の承認を得なければならない株式会社を指します。

公開会社と非公開会社の区別は、株式会社の機関設計に影響を与えます。また、事業規模が大きい大会社は、非公開会社であっても、会計監査人の設置義務がある他、監査役、監査等委員会または指名委員会等のいずれかの設置が義務付けられています。さらに、大会社かつ公開会社である株式会社は、会計監査人の設置義務がある他、監査役会、監査等委員会または指名委員会等のいずれかの設置が義務付けられています。

6 親会社と子会社の関係

親会社、子会社とは

親会社とは、他の株式会社の経営について実質的に支配している会社などをいいます。子会社とは、他の会社に経営を実質的に支配されている会社などをいいます。厳密には、親会社や子会社は、株式会社などの会社に限定されるわけではありませんが、ここでは、株式会社を想定して説明します。

「他の株式会社の経営について実質的に支配している」とは、他の株式会社の財務や事業方針の決定を支配していることを指します。具体的には、他の株式会社の議決権の50%を超える株式を自社および他の子会社の計算において保有している会社である場合は、原則として、実質的な支配が認められます。また、議決権の50%を超える株式を保有していなくても、会社法が定める一定の場合には実質的な支配が認められます。社外取締役や社外監査役の条件には、その会社の役員などに就任したことがあるかどうかだけでなく、その会社の親会社や子会社の役員などに就任したことがあるかどうかも影響を及ぼすため、親会社や子会社の定義が重要になります。会計参与、監査役、会計監査人は、その会社の取締役などとの兼任だけでなく、子会社の取締役などとの兼任も禁止されています。また、子会社は原則として親会社の株式の取得を禁止されていることなど、その他にも親会社や子会社の定義が重要となる事項があります。

子会社による親会社株式の取得

会社法は、子会社が親会社の株式を取得することを禁止しています。親会社は、子会社の財務や事業方針の決定について支配権を持つため、

● 親会社と子会社

子会社とは　他の会社に経営を実質的に支配されている会社など
⇒議決権の50%を超える株式を保有されている場合など

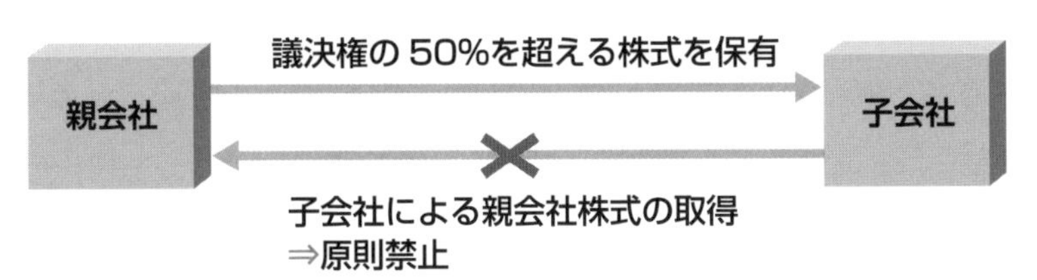

子会社が親会社の株式を取得する場合、それは親会社が自己株式を取得することに類似しているといえます。自己株式の取得については、会社法は、財源規制を設けて会社財産の過度な流出を防止している他、自己株式を取得できる場合やその手続きを定めることによって、株主間の平等を害することなどを防止していますが、子会社が親会社の株式を自由に取得することを認めると、自己株式の取得に関するこれらの規制を潜脱して、会社の財産を過度に流出したり、実質的に株主間の平等を害する結果となったりするなどの弊害が生じるおそれがあります。そのため、子会社による親会社の株式の取得は、原則として禁止されています。

ただし、例外的に子会社が親会社の株式を取得することが認められる場合があります。たとえば、子会社を存続会社として他の株式会社（消滅会社）を吸収合併する際に、消滅会社が親会社の株式を保有している場合は、存続会社である子会社が消滅会社の権利義務関係を包括して引き継ぐため、親会社の株式を取得することができます。ただし、子会社は、保有する親会社の株式について議決権を行使することはできません。そして、子会社が親会社の株式を取得した場合には、相当期間内に処分（売却など）しなければなりません。そのため、会社法では、子会社が保有する親会社の株式を、親会社が簡易に取得するための手続きについて規定を設けています。

Column

一人会社

一人会社（いちにんがいしゃ）とは、社員が１名だけの会社です。株式会社においては、株主が１名だけの株式会社を指します。会社は営利を目的とする人の集まり（社団）であるという性質を持ちます。しかし、一人会社は人の集まりとはいえないため、その成立が認められるのか否かが問題になります。この点は、後で社員（株主）を増やせることから潜在的には社団性があるといえますし、社員が１人であることは会社の設立の障害事由でも解散事由でもないため、会社法上、一人会社も認められていると考えられます。

株式会社が一人会社である場合、通常の株式会社とは異なる特徴を持つことがあります。たとえば、株主総会を招集する場合には、取締役が株主に対して招集通知を発するなど、所定の招集手続きが必要ですが、一人会社の場合には、その１人の株主が希望すれば、いつでも株主総会を開催することが可能です。ただし、通常の株主総会と同様に、議事録の作成は義務であり、株主総会には取締役が出席しなければなりません。

また、定款の定めによって、株式会社が発行した株式を、株主が第三者に対して譲渡する場合に、株主総会（取締役会設置会社の場合は取締役会決議）の承認を得なければならないことがあります（⇨ P.132）。これは、株主にとって好ましくない人が株式を取得することを避けるのが目的です。しかし、一人会社の場合には、その１人の株主が株式譲渡を希望している以上、これを認める必要があります。そのため、一人会社である取締役会設置会社の株主は、その保有する株式に譲渡制限がついていても、取締役会決議による承認を得ることなく、自ら保有する株式を譲渡することができるとされています。

第2章
株主総会のしくみと手続き

1 株主総会とは

株主総会とは

株主総会とは、株主全員により構成される株式会社の最高意思決定機関です。株主総会は、株式会社の意思（基本方針や重要事項など）を決定する機関であるのに対し、実際の事業運営については、代表取締役などの業務を執行する機関が行います。

株主総会の役割は、株式会社がどのような機関構成を採用しているかによって異なる点に注意が必要です。たとえば、取締役会設置会社では、株主総会は意思決定機関としての役割についても限定的です。株主総会は、定款や会社法に規定される事項についてのみ意思決定を行い、その他の事項についての意思決定は、取締役会に委任することが認められます。これに対して、取締役会を設置していない株式会社では、株主総会が、その株式会社に関するすべての事項について意思決定をする権限が認められています。そして、株主総会の意思決定は、取締役、監査役、会計参与などを拘束します。そのため、株主総会は、株式会社の最高意思決定機関として位置付けられます。

株主総会の権限は、株式会社の機関構成により異なります。取締役会を設置していない株式会社では、株式会社の組織、運営、管理について、定款や会社法などの法令に違反しない限り、あらゆる事項に関する意思決定権限が認められます。そのため、取締役会を設置していない株式会社における株主総会は、一般に「万能な権限を持つ機関」と呼ばれています。

反対に、取締役会設置会社では、株式会社の運営や管理に関する事項は、原則として取締役会に意思決定権限があります。そのため、株主総会は、定款や会社法が規定する事項についてのみ、意思決定権限

● 株主総会のおもな決議事項

取締役会の設置の有無にかかわらず株主総会が決議しなければならない事項（法定決議事項）	取締役・監査役・会計参与・会計監査人の選任・解任に関する事項
	事業の譲渡等に関する事項、組織変更に関する事項、組織再編に関する事項
	株式併合、自己株式の取得に関する事項
	剰余金の配当に関する事項
	役員の報酬等や責任免除などに関する事項
	定款の変更に関する事項
	資本金の額の減少に関する事項
取締役会を設置していない株式会社において株主総会が決議できる事項	上記事項の他、株式会社の組織・運営・管理に関する一切の事項

が認められるにすぎません。

なお、取締役会を設置しているか否かを問わず、株主総会が意思決定をしなければならない事項として、会社法が規定している事項（法定決議事項）については、上図のとおりです。

株主総会の種類

株主総会には、定時株主総会と臨時株主総会があります。

定時株主総会とは、事業年度ごとに、一定の時期に開催しなければならない株主総会のことです。通常は「4月1日から3月31日までの1年間」を一事業年度としており、その場合、定時株主総会は、1年ごとに1回、開催されることになります。定時株主総会では、計算書類の承認などの決算に関する事項、株主への配当などに関する事項、取締役、監査役、会計参与、会計監査人の選任・解任に関する事項などについて決議が行われます。

これに対して、臨時株主総会とは、必要に応じて開催される株主総会のことです。たとえば、取締役が任期途中で退任して、新たな取締役を選任する必要が生じた場合に、臨時株主総会を開催することがあります。

2 株主総会の役割

株主総会の役割とは

株主総会は、株式会社の最高意思決定機関としての役割を担います。そのため、株主総会の決議事項として会社法が規定を設けている事項（法定決議事項）は、定款の定めによって決議を制限することが許されません。

このように、一定の事項について、必ず株主総会が意思決定を行うことが義務付けられていることで、株式会社の経営・管理を担う取締役などの機関に対して、株主によるコントロールを及ぼすことができます。また、取締役などの事業運営を通じて、株主が知らない間に不利益を被ることがないように、とくに株式会社にとっての基本方針や重要な事項については、株主が把握することのできるようなしくみになっているといえます。

さらに、株主総会においては、法定決議事項や定款で定めた事項以外についても決議を行い、その決議が取締役などに対して勧告としての役割を持つ場合があります。これを勧告的決議といいます。たとえば、株式会社が募集株式の発行（新株発行）をしたことについて、それが不公正な発行であるか否かは、株主総会の法定決議事項ではありません。しかし、不公正な発行であるとの勧告的決議が行われた場合には、その決議は、募集株式の発行に対して株主が否定的意思を持っていることを示す役割を果たします。勧告的決議自体には法的効果が発生しませんが、勧告的決議によって示された株主の意思を、取締役などが完全に無視することは困難です。このように、株主総会は、法定決議事項や定款で定めた事項でなくても、会社経営を間接的に監視・監督することもできます。

● 株主総会の役割

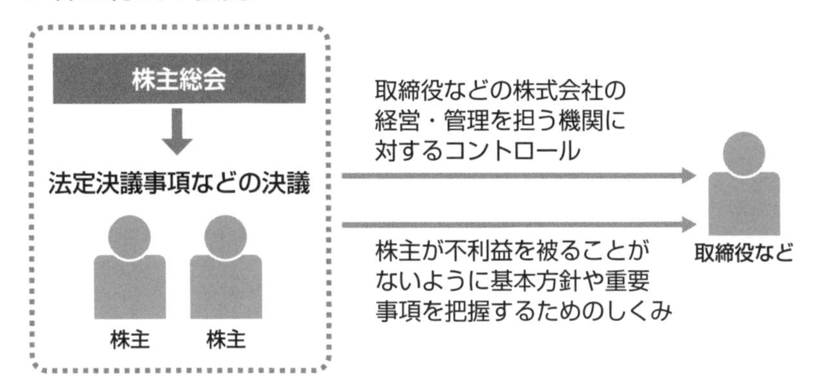

株主総会の法定決議事項

会社法が株主総会の決議によることを義務付けている法定決議事項には、株式会社の事業の存続に関わる事項など、とくに重要度の高いものが含まれています。具体的には、取締役、監査役、会計参与、会計監査人の選任・解任、定款の変更、事業の譲渡等、合同会社などへの組織変更、他の株式会社との合併に代表される組織再編などが法定決議事項にあたります。

その他には、株式会社が、株式併合や自己株式の取得を行う場合、あるいは剰余金の配当を行う場合など、株主の利益に関わる事項も法定決議事項に含まれます（自己株式の取得や剰余金の配当を取締役会決議によって決定することができる場合もあります）。取締役をはじめとする株式会社の事業運営を担う者が、株主の権利を害するおそれがある場合に、株主が自らの利益を保護するための機会が保障されているといえます。

さらに、役員等の報酬等に関する事項や、任務を怠った役員等の株式会社に対する責任の免除に関する事項は、取締役会などには適正な判断が期待できないので、法定決議事項に含まれ、株主総会の決議が必要になります。

3 株主の権利と義務

株主にはどんな権利があるのか

株主には、株式会社との間で株主という地位に基づいたさまざまな権利が認められています。株主の権利については、大きく自益権と共益権に分類することができます。

自益権とは、株主の権利のうち、株式会社から経済的利益を受ける権利です。具体的には、株式会社の運営によって生じた剰余金の配当を受ける権利や、株式会社の解散・清算の際に会社債権者への弁済後に残った残余財産の分配を受ける権利などを指します。株式会社は、事業運営によって得た経済的利益を、構成員である株主に分配することを目的としており、これを営利目的といいます。自益権のうち剰余金の配当を受ける権利と残余財産の分配を受ける権利は、この営利目的に関わる重要な権利であるため、定款の定めによって完全に奪うことは認められません。

共益権とは、株主が株式会社の経営に参加する権利です。株主は、この共益権に基づいて、株式会社の運営に対する監督・是正を行う権限が認められています。株式会社は、基本方針や重要事項などについて、株主総会の決議によって意思決定が行われます。そのため、株主総会において株主が行使することのできる議決権は、共益権の中核をなすものです。その他、共益権のうち株式会社の運営に対する監督・是正の権限としては、株主代表訴訟（責任追及等の訴え）を提起する権利が代表例だといえます。

単独株主権と少数株主権

株主の権利については、単独株主権と少数株主権に分類することも

● 単独株主権と少数株主権

単独株主権 株主が１株でも株式を保有している場合に行使することが認められている権利

（例）
- 自益権
- 共益権のうち、株主総会における議決権

少数株主権 一定数の議決権・一定割合の議決権・一定割合の発行済株式を保有する株主に限って、行使することが認められている権利

（例）
- 株主総会を招集する権利
  ⇒総株主の議決権の３%以上の株式を、権利を行使する６か月前から引き続き保有していなければならない

可能です。単独株主権とは、株主が１株でも株式を保有している場合に行使することが認められている権利です。自益権と株主総会における議決権が単独株主権の代表例です。これに対して、少数株主権とは、一定数の議決権、一定割合の議決権、一定割合の発行済株式を保有している株主に限って行使することが認められている権利です。なお、単独株主権も少数株主権も、一定の期間にわたり継続的に株式を保有することが権利行使の要件になっている場合など、その他の必要な要件を満たす株主に対してのみ権利の行使を認める場合もあります。

株主平等の原則とは

株主平等の原則とは、株式会社は、株主を平等に取り扱わなければならないという原則です。具体的には、株式会社は、保有する株式の数や内容が同じである場合には、原則として、その株主間において異なる取扱いをすることが認められません。もちろん、より多くの株式を保有する株主に対し、多くの議決権を認めたり、剰余金を多く配当することは、株主平等の原則に反しません。

4 株主総会の開催手続き

株式会社の機関設計により必要な手続きが異なる

株主総会を招集する権利を持っているのは、原則として取締役です。株主総会を招集する際には、株主総会の日時・場所、株主総会の目的事項（議題）、議決権の行使方法などの事項を決定しなければなりません。そして、株主に**招集通知**を発します。

議決権の行使方法としては、株主総会での行使の他、書面投票や電子投票があります。書面投票や電子投票は、これを採用する場合のみ招集通知に記載しますが、株主が1,000人以上の株式会社では書面投票による議決権の行使を認めなければなりません。**書面投票**とは、株主が株主総会に出席することなく、議案の賛否について書面を送付する方法で、議決権の行使を認める場合です。**電子投票**とは、インターネット上のウェブ画面を操作するなどの方法で、議決権の行使を認める場合です。

以上の事項を決定する際には、株式会社の機関設計によって手続きが異なることに注意が必要です。取締役会設置会社の場合には、取締役会決議によって、これらの事項を決定しなければなりません。これに対して、取締役会を設置していない株式会社のうち取締役が２名以上いる場合には、取締役の過半数の決定によって、これらの事項を決定しなければなりません。

少数株主による招集請求

株主総会は、株主が招集する場合もあります。具体的には、総株主の議決権の３％以上を持つ株主（公開会社の場合は６か月前より引き続き株式を保有することも必要です）に限り、株式会社に対して株主

● 株主総会資料の電子提供制度

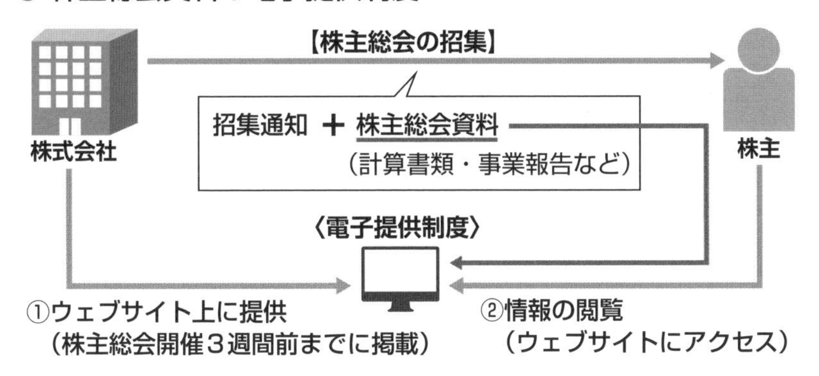

総会の招集を請求することが可能です。この場合に招集請求をする株主は、株式会社に対して、株主総会の目的となる事項（議題）と招集の理由を示さなければなりません。

そして、招集請求をした後、株主総会の招集手続きがとられない場合や、招集請求の日から８週間以内の日を開催日とする招集通知が発せられない場合には、裁判所の許可を得て、招集請求をした株主が自ら株主総会を招集することができます。

株主総会資料の電子提供制度

株主に対して書面投票や電子投票を認めるときは、招集通知とともに、議決権を行使する上での判断材料となる資料を提供しなければなりません。これらの資料を**株主総会参考書類**といいます。

令和元年成立の会社法改正により、株主の個別の同意を得なくても、定款に定めることで、インターネット上のウェブサイトを通じて、株主総会参考書類を株主に提供することが認められました。これを**電子提供制度**といいます。具体的には、株主総会の日の３週間前までに株主総会参考書類をインターネット上に掲載し、２週間前までに株主総会参考書類を閲覧できるアドレス（URL）などを記載した招集通知を株主に送付しなければなりません。

5 株主総会の招集通知

なぜ招集通知を送付するのか

取締役は、株主総会を招集する際に、株主に対して招集通知を行わなければなりません。招集通知には、株主に対して、株主総会の日時や場所などを知らせて、株主総会への出席の機会を与える目的があります。また、あらかじめ株主総会の目的事項（議題）が定められている場合には、その内容を株主に知らせることで、株主総会において実りある質問を行うための準備などの時間を確保する狙いもあります。ただし、取締役により招集通知が行われなかった場合でも、株主全員が株主総会の開催に同意を与え、実際に株主総会に出席したときは、成立した株主総会決議は有効な決議として扱われます。

公開会社（⇨ P.25）の場合は、株主総会の開催日の２週間前までに、株主に対して招集通知を送付しなければなりません。非公開会社の場合は、原則として株主総会の開催日の１週間前までに、株主に対して招集通知を送付する必要があります。ただし、書面投票や電子投票を行う場合や、株主総会資料の電子提供制度を採用する場合は、非公開会社の場合も２週間前までに送付する必要があります。

招集通知において通知すべき事項は、株主に対して株主総会の開催について通知を行うという目的から、①株主総会の日時・場所、②株主総会の目的事項（議題）、③書面投票や電子投票ができる場合はその方法などを記載しなければなりません。

招集通知は書面で行うのが基本

取締役会設置会社においては、招集通知は原則として書面により行います。ただし、事前に株主の承諾を得ている場合には、電子メール

● 株主総会の招集通知

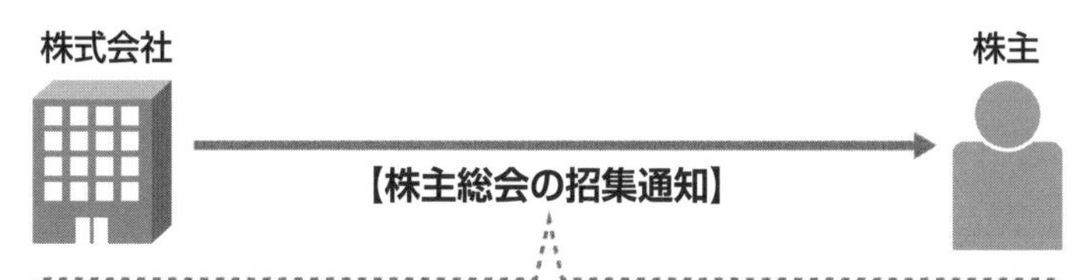

通知時期：〈公開会社〉株主総会開催の２週間前まで
〈非公開会社〉株主総会開催の１週間前まで（原則）

通知事項：①株主総会の日時・場所
②株主総会の目的事項（議題）
③書面投票・電子投票を行うときはその方法

の送付などの電磁的方法によって発することも認められています。これに対して、取締役会を設置していない株式会社では、招集通知は口頭により行うことも可能です。

ただし、書面投票や電子投票を認める場合には、取締役会の設置の有無にかかわらず、招集通知を書面により行う必要があります。

どのような株主が対象となるのか

招集通知は、議決権を持っている株主に対して行わなければなりません。とくに取締役会設置会社は、定時株主総会の招集通知を行う場合には、株主総会資料の電子提供制度を採用するときを除いて、招集通知に添付する形で、計算書類や事業報告などの資料をあわせて送付しなければならない点に注意が必要です。

さらに、書面投票あるいは電子投票による議決権の行使を認める場合には、招集通知の他に、議決権を行使する上での判断材料として、株主総会参考書類や議決権行使書面などを送付しなければなりません。

株主総会の決議には普通決議、特別決議、特殊決議があると思いますが、それぞれの違いについて教えてください。

A 株主総会の決議をするために出席すべき株主の数や、決議に必要な賛成の数によって区別されています。

普通決議とは、議決権を行使できる株主のうち議決権の過半数を持つ株主が出席し（定足数）、出席株主の議決権の過半数の賛成によって行う決議です。法令や定款によって、とくに定めが置かれていない場合には、株主総会の決議は普通決議により行います。定款の定めによって定足数の引上げ・引下げをすることは可能ですが、役員の選任・解任の決議については、議決権の３分の１未満にまで定足数を引き下げることができません。

特別決議とは、議決権を行使できる株主のうち議決権の過半数を持つ株主が出席し、出席株主の議決権の３分の２以上の賛成によって行う決議です。特別決議が行われる場合としては、定款の変更、監査役の解任、合併、解散などが挙げられます。

特殊決議とは、議決権を行使できる株主のうち半数以上が出席し、議決権を行使可能な株主の議決権の３分の２以上の賛成によって行う決議です。たとえば、定款の変更によりすべての株式を譲渡制限株式にする場合などに、特殊決議が必要になります。

なお、特殊決議にはもう１種類あります。それは総株主の半数以上が出席し、総株主の議決権の４分の３以上の賛成によって行う決議です。たとえば、株式の譲渡が制限されている非公開会社で、剰余金の配当について株主ごとに異なった取扱いを行う場合などに、この特殊決議が必要になります。

Q 株主総会の招集や決議を省略できる場合があると聞きましたが、どんな制度なのでしょうか。

株主全員の同意で招集手続きを省略できる場合がある他、書面決議という方法によって株主総会の決議があったものとみなすことが可能です。

株主総会の招集について、通常は、取締役が招集通知を発するなどの招集手続きが必要です。しかし、必要な招集手続きが行われていなくても、株主全員が同意した場合には、招集手続きを省略することが認められています。

また、株主総会の決議についても省略が認められる場合があります。具体的には、株式会社は、書面決議という方法によって、株主総会の決議を省略することが可能です。書面決議とは、取締役あるいは株主が提案した株主総会の目的事項について、議決権を持つ株主全員が、書面あるいは電子メールなどの電磁的記録によって同意する意思表示を行うことで、実際に株主総会を開催していない場合であっても、その提案が可決されたものと扱う制度です。なお、書面決議を行った株式会社は、同意書面などを備え置かなければならず、株主などが同意書面などの閲覧や謄写を請求した場合には、原則として、その請求に応じなければなりません。

さらに、取締役などが株主総会において報告すべき事項がある場合にも、その事項について株主全員に対して通知を行い、株主総会での報告を要しないことについて、株主全員が書面もしくは電磁的記録によって同意した場合には、株主総会における報告があったとみなす（株主総会における報告を省略すること）が認められています。

Q 株主総会の議題と議案は、どのように区別されるのでしょうか。判断が微妙なケースもありますか。

一般的には、株主総会の目的事項が議題で、株主に対して賛否を問う具体的な事項が議案にあたります。

株主総会における**議題**とは、株主総会を開催する目的となる事項を指します。議題の例としては、「取締役選任の件」などが挙げられます。株主総会の議題があるときは、株主総会の招集通知に記載することが必要です。

これに対して、株主総会における**議案**とは、議題に関する具体的な決議事項を指します。前述した「取締役の選任の件」という議題について、「Xを取締役に選任する件」が議案の例として挙げられます。なお、役員等の選任・報酬等、定款の変更、合併・会社分割など、一定の重要な事項を株主総会の議題にする場合には、その議題に関する議案の概要（未確定の場合はその旨）を招集通知に記載することが必要です。

以上から、株主総会で取り扱うテーマ（目的事項）が議題であるのに対し、そのテーマに関して株主に対して賛否を問う具体的な事項が議案であると区別することが可能です。ただし、議題と議案の区別が微妙なケースがあります。たとえば、取締役などの役員の選任の場合とは異なり、解任の場合には、議題として「取締役解任の件」と株主総会の招集通知に記載するだけでは不十分だと考えられています。つまり、具体的に「取締役Yの解任の件」として、対象の役員を特定した事項が議題にあたります。そのため、株主総会の招集通知において「取締役解任の件」と記載していたとしても、議題を記載したことにはならず、招集手続きに法令違反があるということになります。

単元株とはどのような制度なのでしょうか。また、単元に満たない株式を持つ株主にはどのような権利が認められるのでしょうか。

A

一定の株式数を１単元として、単元ごとに議決権を認める制度です。単元未満株式の株主には、株式会社に対する買取請求権が認められます。

単元株とは、一定の株式数を１単元としてまとめられた株式のことです。１単元以上を保有する株主には、自益権や共益権が完全に認められますが、１単元に満たない株式（単元未満株式）のみを持つ株主には、共益権としての議決権などが認められません。そのため、株主総会を開催する場合、株式会社は、単元未満株式のみを持つ株主に対して招集通知を発する必要がなく、招集手続きのコストが削減できます。

単元未満株式であっても、自益権である剰余金の配当などを受ける権利はあります。しかし、単元未満株式は、議決権などの株主の権利が制限されており、他人に譲渡することが難しいため、単元未満株式を持つ株主が、株式会社に対して単元未満株式の買取りを請求することを認めています。

また、１単元があまりにも大きな数になると、多数の株主の議決権が奪われる可能性があることから、１単元が1,000株を超えることや、発行済株式総数の５％以上を１単元とすることは認められていません。なお、単元株制度は、株式が証券取引所において取引される上場会社において用いられており、単元株ごとに株式の売買が行われています。2018年10月以降は、すべての上場会社について、単元株式数を100株に統一して、株式の売買が行われています。

6 株主提案権

株主提案権とは

株主は、取締役が提案した議題や議案を株主総会で決議するだけでなく、自ら議題を提案したり、議案を提出することができます。これを**株主提案権**といいます。株主提案権の内容としては、議題提案権、議案提出権、議案要領通知請求権の３つの権利があります。

① 議題提案権

一定の事項を株主総会の議題（目的事項）とするように提案する権利です。提案する議題は、その株主が議決権を行使できる事項に限ります。取締役会設置会社では少数株主権とされ、議題提案権を行使できるのは、原則として、６か月前から引き続き、総株主の議決権の100分の１以上の議決権もしくは300個以上の議決権を有する株主に限られます。さらに、取締役会設置会社では、原則として、株主総会の日の８週間前までに、議題提案権を行使する必要があります。これに対して、取締役会を設置しない株式会社では単独株主権とされ、議決権を持つ株主であれば、議題提案権を行使することができます。

② 議案提出権

株主総会の議題について議案を提出する権利です。提出する議案は、その株主が議決権を行使できる事項に限ります。法令・定款に違反する議案や、以前の株主総会で同一の議案について総株主の議決権の10％以上の賛成を得られなかった日から３年を経過していない議案については、議案提出権を行使することができません。

③ 議案要領通知請求権

株主総会に提出する議案の要領を招集通知に記載することを請求する権利です。株主総会の日の８週間前までに、議案要領通知請求権を

● 株主提案権

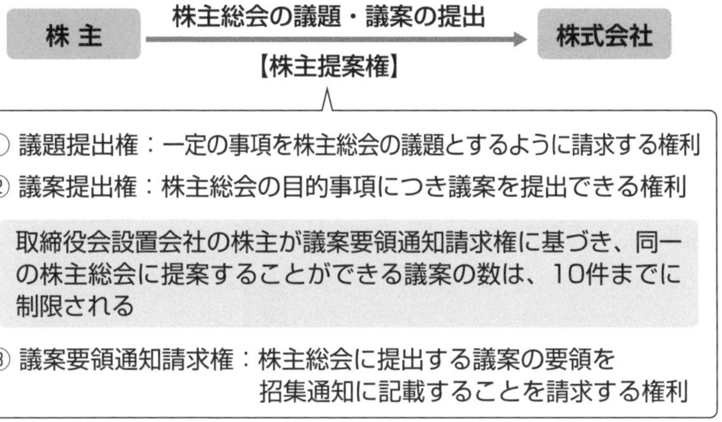

株 主 —株主総会の議題・議案の提出→ 株式会社

【株主提案権】

① 議題提出権：一定の事項を株主総会の議題とするように請求する権利
② 議案提出権：株主総会の目的事項につき議案を提出できる権利

取締役会設置会社の株主が議案要領通知請求権に基づき、同一の株主総会に提案することができる議案の数は、10件までに制限される

③ 議案要領通知請求権：株主総会に提出する議案の要領を招集通知に記載することを請求する権利

行使する必要があります。取締役会設置会社では少数株主権とされていますが、取締役会を設置しない株式会社では単独株主権とされています。議案が法令・定款に違反する議案や、以前の株主総会で同一の議案について総株主の議決権の10%以上の賛成を得られなかった日から3年を経過していない議案には、議案要領通知請求権を行使することができません。

株主提案権の制限

令和元年成立の会社法改正によって、株主提案権の濫用的な行使を制限するために、株主が同一の株主総会において提案することができる議案の数が制限されることになりました。

具体的には、取締役会設置会社の株主が、議案要領通知請求権に基づき、同一の株主総会に提案することができる議案の数は10件までに制限されました。これにより、株主総会における審議が長時間となり株主総会の意思決定機関としての機能が阻害されることや、株式会社による内容検討や招集通知の印刷等のコストが増加するという弊害を防ぐことが期待されます。

7 議決権行使のルール

一株一議決権の原則と例外

株主は、株主総会において、原則としてその保有する株式１株につき１個の議決権を有します（**一株一議決権の原則**）。ただし、株式会社は定款によって、以下のように、この原則を修正することができます。

株式会社は、定款の定めにより、株主総会で議決権を行使できる事項について制限のある株式（議決権制限株式）を発行することができます。議決権制限株式を保有する株主は、定款に定めのある事項について議決権を行使することができません。また、定款の定めによって単元株制度を採用した場合には、株主は、１株ではなく１単元ごとに１個の議決権となり、単元未満株主は議決権を行使できません。

その他、株式会社が自己株式を株主から取得して保有することができますが、このような自己株式を有している株式会社自身は議決権を行使できません。さらに、株式会社であるＡ社とＢ社が相互に株式を持ち合っている場合において、Ａ社がＢ社の議決権の25%を保有しているなど、Ｂ社の経営を実質的に支配することが可能な関係にあるとき（相互保有株式）は、Ｂ社は、Ａ社の株主総会において議決権を行使できません。

議決権の行使に関する特別のルール

２個以上の議決権を保有する株主は、ある議案について、一部を賛成に、残りを反対に投票するという形で、議決権を統一しないで行使することもできます（**議決権の不統一行使**）。ただし、他人のために株式を保有する者でない株主による議決権の不統一行使について、株式会社は、これを拒むことができます。

● 議決権行使のルール

【原則】株 主 → 株主総会
株式1株につき1個の議決権を持つ
【一株一議決権の原則】

【例外】法令・定款による原則の修正
- 株主総会で議決権を行使できる事項について制限のある株式（議決権制限株式）を発行できる
- 単元株制度を採用した場合には、株主は1単元ごとに1個の議決権が認められる ⇒単元未満株主は議決権を持たない
- 株式会社が自社の株式を株主から取得して保有する（自己株式を保有している）場合、株式会社自身は議決権を持たない
- 他方の経営を実質的に支配する関係にあるときは、支配されている側の株式会社は、支配している側の株式会社の株主総会で議決権を行使することができない（相互保有株式の議決権の制限）

株主は、自ら株主総会に出席して、議決権を行使するのが原則です。しかし、株主総会への出席が困難な場合に備えて、会社法では、以下の方法による議決権の行使を認めています。

① 書面による議決権行使（書面投票）

株主総会の招集権者は、株主総会に出席しない株主が、書面による議決権の行使を認めることができます。ただし、議決権を行使できる株主が1,000人以上いる株式会社は、原則として、書面投票を認めなければなりません。

② 電磁的方法による議決権行使（電子投票）

株主総会の招集権者は、株主総会に出席しない株主に対して、電磁的方法による議決権の行使を認めることができます。電子投票は、実務上、会社が専用のウェブサイトを設けて、招集通知において、そのサイトのURL、ID、パスワードを通知する方法で行われています。

③ 代理人による議決権行使

株主は、代理人によって議決権を行使することができます。株式会社は、代理人の数を制限できる他、合理的な理由による相当程度の制限であれば、定款によって代理人の資格を制限することができます。

8 取締役の説明義務

説明義務とは

取締役の説明義務とは、株主が株主総会で議題や議案に関する質問を行った場合に、取締役が回答しなければならない義務のことです。株主総会において、株式会社への出資者である株主の質問に対して、その業務執行機関（経営者側）である取締役が回答することは当然の義務ともいえます。

会社法では、株主総会で実質的な審議が行われず、形骸化したものにならないよう、株主総会における審議が充実した内容になることをめざして、取締役の説明義務を設けています（会社法は監査役、会計参与、執行役にも説明義務を課しています）。この規定により、取締役は、正当な理由なく株主の質問に対する回答を拒絶することができないため、説明義務の制度は、株主に対して株式会社の運営の透明性を確保するためのものともいえます。

取締役が説明義務に違反して、株主の質問に対して回答しない場合、それに基づき行われた株主総会決議は、株主総会決議取消しの訴えによって取り消すことができることがあります。

取締役が負う説明義務の範囲・程度

会社法では、取締役が株主の質問に対して、回答を拒絶することができる正当な理由がある場合を規定しています。具体的には、①株主の質問が、株主総会の目的である事項（議題）と無関係である場合、②取締役が説明することで株主の共同の利益を著しく侵害する場合、③取締役が説明するために一定の調査が必要になる場合、④取締役が説明することで株式会社やその他の者の権利を侵害する場合、⑤質問

● 取締役の説明義務

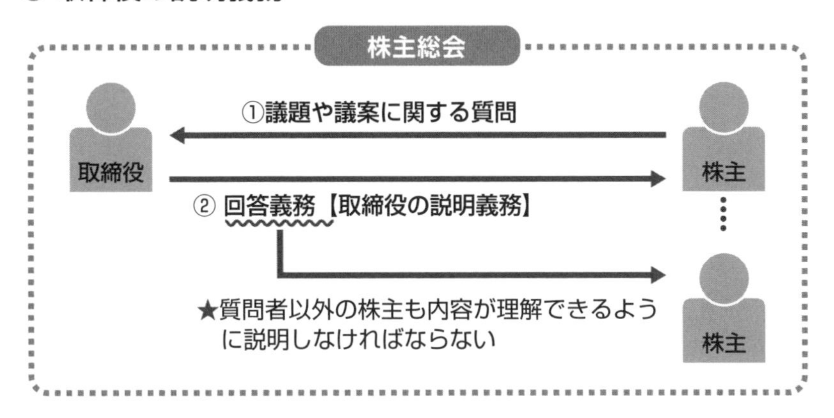

をした株主が同一の株主総会の中で実質的に同一の質問を繰り返している場合、⑥以上の他、取締役が株主の質問に対して回答しないことについて正当な理由がある場合には、取締役は、株主の質問に対して回答を拒絶することが認められています。

このうち、②取締役が説明することで株主の共同の利益を著しく侵害する場合としては、たとえば、取締役が回答することが営業秘密の漏えいにつながる場合などが挙げられます。④取締役が説明することで株式会社やその他の者の権利を侵害する場合としては、取締役が説明することが他人の個人情報の漏えいにつながる場合などが考えられます。

また、③一定の調査が必要になる場合に関して、株主が質問事項について取締役に対して事前に通知していた場合や、調査が著しく容易な場合には、取締役は、一定の調査が必要であることを理由に、株主の質問に対する回答を拒絶することはできません。

取締役の説明の程度としては、質問をした株主の知見を基準とするのではなく、取締役が質問事項に対して回答することにより、質問者以外の株主も内容が理解できる程度の説明が求められます。

9 計算書類の承認と総会終了後の事務

計算書類の承認とは

取締役会設置会社の取締役は、取締役会の承認を受けた計算書類（貸借対照表や損益計算書など）、事業報告、これらの附属明細書を添付書類として、株主総会の招集通知に添付しなければなりません（⇨ P.39）。そのうち**計算書類**は、定時株主総会において株主の承認を得る必要があります。株主の承認を得ることによって計算書類の内容が確定し、株主に対する剰余金の配当などの基礎資料として用いることが可能になります。これに対して、**事業報告**は、定時株主総会でその内容を報告するだけで足ります。

計算書類の承認に関しては、取締役会設置会社のうち会計監査人を設置する株式会社で例外が認められる場合があります。具体的には、会計監査人による会計監査報告において、計算書類が適正であるとの意見が付された場合には、計算書類の承認は必要ありません。会計に関する専門知識を持つ会計監査人が適正と認めた計算書類は、株式会社の財産状況などを適正に反映していることが期待され、会計に関する専門知識を持たない株主の承認を得る必要性が低いといえるからです。ただし、監査役（あるいは監査役会、監査委員会、監査等委員会）における監査報告により、この会計監査人の監査方法・結果が不相当であるとの意見がないことが条件となっています。

議事録の作成・登記申請・決算公告

株主総会の議事については、株主総会の終了後、議事録を作成することが義務付けられています。**議事録**には、株主総会の開催日時・場所、議事の経過やその結果、株主総会に出席した取締役などの氏名・

● 株主総会終了後の事務

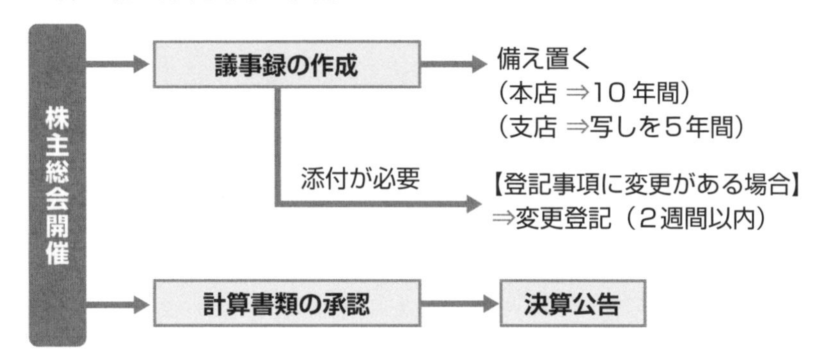

名称などの情報が記録されます。作成された議事録は、本店に10年間備え置くとともに、支店にもその写しを５年間備え置かなければなりません。そして、株主や株式会社の債権者などは、議事録を閲覧・謄写を請求することができます。

また、株主総会終了後、株式会社の登記事項に変更が生じる場合があります。たとえば、株主総会において、資本金の額を減少させるという決議（特別決議）が行われたとします。資本金の額の減少は、株式会社の登記事項の変更にあたりますので、株主総会終了後、２週間以内に、本店の所在地において変更登記を行わなければなりません。株式会社が変更登記を行う場合には、登記申請書の他に、議事録を添付しなければなりません。

さらに、株式会社は、決算を承認する定時株主総会の終了後に、貸借対照表（大会社は貸借対照表と損益計算書）を公告しなければなりません。これを決算公告といいます。公告の方法は登記事項なので、あらかじめ定めておくことが必要です。なお、官報や日刊新聞紙を決算公告の方法として定めている株式会社は、その方法の代わりに、自社のウェブサイトなど不特定多数が閲覧できる方法で５年間継続的に開示することが認められています。

10 反対株主の権利

株式買取請求権について

株式買取請求権とは、株主が、株式会社に対して、自己の保有する株式を買い取るよう請求することができる権利です。決議に必要な賛成が得られた株主総会決議は適法に成立しますが、株主の利益に影響を与える可能性がある議案について株主総会決議が行われた場合には、株主総会で議案に反対した株主（反対株主）などに対して株式買取請求権の行使を認めています。株式買取請求権を行使することにより、反対株主は、株主の地位を失う代わりに、自己にもたらされる可能性がある不利益を防止する他、投下資本を回収する機会を得ることが可能になります。

株式買取請求権を行使することができる場合は、株主の利益に影響を与える可能性のある重要事項に限られます。たとえば、①事業の全部あるいは重要な一部の譲渡をする場合、②株式会社の吸収合併あるいは新設合併をする場合、③株式会社の新設分割あるいは吸収分割をする場合などに、反対株主は、株式買取請求権を行使することが可能です。

反対株主として株式買取請求権を行使するためには、実際の株主総会において決議に反対するだけでなく、株主総会に先立って決議に反対する意思を株式会社に通知しておくことも必要です。ただし、議決権を行使できない株主や、株主総会の承認を要しない行為については、反対の意思を通知しなくても株式買取請求権を行使することができます。

以上の要件を満たすことで、反対株主が株式買取請求権を行使すると、株式会社は、当然に株式を買い取る義務を負うことに注意が必要です。株式買取請求権については、定款の定めによっても奪うことが

● 株式買取請求権

認められない株主の権利です。

株式買取請求の撤回の制限

株式買取請求をした株主は、原則として、株式会社の承諾がない限り、株式買取請求を撤回することはできません。ただし、買取価格についての協議が調わず、買取りの効力発生日から60日以内に、株式会社と株主のいずれからも価格決定の申立てがなされなかった場合は、株主が株式買取請求を撤回することができます。

株式の買取価格はどうなるのか

株式買取請求権における株式の買取価格について、会社法は「公正な価格」によると規定しています。原則として、株主と株式会社との間の協議により、株式の買取価格を決定することができます。しかし、株式買取請求権の効力発生日から30日以内に協議が調わない場合には、株式会社と株主のいずれからも、裁判所に対して株式の買取価格を決定するように請求することができます。これを価格決定の申立てといいます。

11 株主総会決議の瑕疵

株主総会決議の違法・不当をどのように訴えればよいか

会社法では、株主総会決議の違法・不当（これらを合わせて瑕疵（かし）といいます）について、株式会社を被告として訴えを提起して争うための手段を規定しています。具体的には、株主総会決議取消しの訴え、株主総会決議不存在確認の訴え、株主総会決議無効確認の訴え、という３つの訴訟類型を設けています。

決議取消しの訴えとは

株主総会決議取消しの訴えとは、成立した株主総会決議の取消しを求めるための訴えです。株主総会決議の取消しは訴えによってのみ主張することができ、株主総会決議の日から３か月以内に訴えを提起しなければなりません。

株主総会決議取消しの訴えの対象として、株主総会の招集手続きや決議方法が法令・定款に違反するか、著しく不公正である場合が挙げられます。その他にも、株主総会の決議内容が定款に違反する場合や、特別利害関係人が株主総会決議に参加したために著しく不当な決議が行われた場合も、株主総会決議取消しの訴えの対象となります。

なお、訴訟の判決は、一般に訴訟の当事者間でのみ効力を持つのが原則ですが、株主総会決議の取消しを認める判決は、当事者以外の者にも効力が及びます。株主総会決議が、特定の者との間では取り消されたが、他の者との間では有効に存在する、という複雑な法律関係になるのを避け、画一的の取扱いをするためです。この点は、株主総会決議の不存在や無効を確認する判決も同様です。

● 株主総会の違法・不当を争う方法

訴えの類型	内容・具体例
株主総会決議取消しの訴え	・成立した決議の取消しを求める訴え ・株主総会決議の日から３か月以内に提起 ・株主総会決議の取消しは訴えによってのみ主張可
	【具体例】 招集手続きや決議方法に法令・定款違反がある場合や、著しい不公正がある場合　など
株主総会決議不存在確認の訴え	決議が存在していないことの確認を求める訴え
	【具体例】 実際には開催されていない株主総会を開催したとする議事録を作成した場合　など
株主総会決議無効確認の訴え	決議の無効の確認を求める訴え
	【具体例】 欠格事由のある者を取締役に選任する株主総会決議が行われた場合　など

決議不存在確認の訴え・決議無効確認の訴えとは

株主総会決議不存在確認の訴えとは、株主総会決議の違法・不当の程度が著しいために、そもそも有効な株主総会決議が存在しないことの確認を求める訴えです。たとえば、開催していない株主総会の議事録を作成した場合や、ほぼ全員の株主に対して招集通知をしていなかった場合などに提起できます。

株主総会無効確認の訴えとは、株主総会の決議内容に法令違反がある場合に、株主総会決議の無効の確認を求める訴えです。たとえば、欠格事由のある者を取締役に選任する株主総会決議が行われた場合などに提起できます。

なお、株主総会決議の不存在や無効については、提起期間の制限がなく、訴えの提起以外の方法で主張することも可能です。

Column

株主優待制度

株主優待制度とは、株式会社が一定数以上の株式を保有する株主に対して、優待券や商品などを与える制度です。たとえば、映画館の興行などを事業とする株式会社が、一定数以上の株式を保有する株主に対して、映画館への無料入場券を交付する場合などが挙げられます。

株式会社は、投資を集める目的だけでなく、多様な目的で株主優待制度を実施することが多いといえます。具体的には、株主総会における議決権の行使や剰余金の配当の他に、株主優待制度によって、自社の商品・サービスを株主に提供することにより、商品・サービスの認知度や企業への愛着を高めることができます。また、株主優待制度によって、投資家の裾野を広げることや、安定株主の確保につながるというメリットがあります。

特定の株主のみを優待したり、過大な価値のある物品を一定数以上の株式を持つ株主のみに提供したりすることは、株主平等原則との関係で問題になります。議決権の行使などを条件に株主に物品の提供などをすれば、会社法が禁止する株主の権利行使に関する利益供与に当たる可能性があります。500円相当のQuoカード1枚を提供した事案で違法な利益供与と認定した裁判例もありますので、会社の意図や目的次第では、低額な物品の提供でも注意が必要です。

さらに、自社のもの以外の商品・サービスで、過大な価値のあるものを提供すれば、会社の財産を流出させることになり、実質的には配当とみなされ、財源規制などの配当規制が及ぶ可能性もあります。通常は、客観的な基準に基づいて、社会通念上許容される程度の物品などを提供するのであれば、前述したような問題は生じないと考えられます。

第3章
取締役の義務・権限・責任

1 取締役の職務と権限

取締役とはどんな存在なのか

取締役とは、株式会社に必ず設置しなければならない機関のひとつです。取締役は株主総会により選任されます。株式会社がどのような機関設計を採用するかに応じて、取締役の位置付けが異なります。まず、取締役会を設置しない株式会社では、定款に別段の定めがない限り、取締役の過半数で業務を決定し、各取締役が業務を執行します。代表取締役を選定しない限り、各取締役が会社を代表するのが原則です。

これに対して、取締役会設置会社では、取締役は取締役会を構成する構成員という位置付けになります。そのため各取締役は、代表取締役などの業務執行取締役でない限り、単独で業務を執行する権限や、株式会社を代表する権限を持ちません。取締役会設置会社における取締役は、取締役会で株式会社の業務の決定に参画します。

なお、指名委員会等設置会社では、取締役は、執行役を兼任しない限り、業務を執行することが認められていない点に注意が必要です。

取締役会を設置しない株式会社における取締役の職務と権限

取締役会を設置しない株式会社における取締役は、業務を執行し、株式会社を代表する権限が与えられています。取締役会を設置しない株式会社では、取締役は１名でもかまいませんので、取締役１名の場合には、単独で業務を執行し、株式会社を代表するだけでなく、単独で業務を決定することもできます。これに対して、取締役が２名以上いる場合には、原則として取締役の過半数によって業務執行の決定を行います。

● 取締役の職務と権限

会社の機関設計	取締役の職務と権限
取締役会を設置しない株式会社	取締役は単独で業務の執行を行う
	代表取締役を選定しない限り、原則として、各取締役は、それぞれ会社を代表する
	取締役が２名以上いる場合には、原則として、取締役の過半数によって業務の決定を行う
取締役会設置会社	取締役は取締役会において株式会社の業務執行に関する意思決定に参加する
	取締役の中から代表取締役を選定し、代表取締役が業務を執行する ※代表取締役以外の取締役を、業務執行取締役として選定して、その者に業務の執行を委託することも可能
	取締役会の構成員である各取締役は、代表取締役などの職務の執行を監督する権限を持つ
指名委員会等設置会社	取締役は執行役を兼任する場合を除いて、業務の執行をすることが認められていない ※業務の執行は執行役が行う

取締役会設置会社における取締役の職務と権限

取締役会設置会社では、各取締役が株式会社の業務を執行する権限を持たないのが原則です。取締役の中から代表取締役を選定し、代表取締役が業務を執行します。代表取締役以外の取締役を業務執行取締役として選定し、その者に業務の執行を委託することも可能です。さらに、取締役会の決議により、代表取締役などの業務執行取締役に対して、一定の事項に関する業務執行の決定を委託することも可能です。取締役会の構成員である各取締役は、代表取締役などの業務の執行を監督する権限を持ちます。そして、その業務の執行が不適切であると考えた場合には、取締役は、取締役会における議決権の行使を通じて、代表取締役などの業務執行取締役を解職することもできます。

2 取締役の資格・選任

取締役となるための資格

取締役になるためには、会社法が規定する**欠格事由**に該当しないことが必要です。法人が取締役になることはできません。未成年者が取締役になることはできます。従来は成年被後見人や被保佐人は取締役となることができませんでしたが、令和元年成立の会社法改正により、取締役となることが可能になりました。ただし、成年被後見人、被保佐人、未成年者の取締役の就任には、後見人、保佐人、親権者の同意が必要です。

なお、定款の定めによって、取締役となることができる資格を制限することも、公序良俗に反しない限り可能です。たとえば、取締役を日本人に限定することや、取締役の年齢を制限することなどができます。さらに、非公開会社の場合は、定款の定めによって、取締役を株主に限定することもできます。反対に、公開会社の場合は、取締役を株主に限定するとの定款の定めを置くことが許されません。

取締役はどのように選任されるのか

取締役は株主総会において選任します。取締役は会社経営を担う機関であり、取締役の経営判断が株式会社の事業活動に大きく影響することから、取締役として誰を選ぶのかは非常に重要な問題です。そこで、出資者である株主が、会社経営の方向性について自らの意思を反映させるために、株主総会において取締役を選任することにしています。

取締役の選任決議は、株主総会の普通決議（⇨ P.40）で行われます。取締役の選任議案は、候補者ごとに1個の議案となるのが原則であり、

● 取締役の資格

取締役の資格	内容など
会社法が規定する欠格事由に該当しない	法人は取締役になれない
	成年被後見人や被保佐人も取締役になる資格がある（成年後見人、保佐人の同意が必要）。
	未成年者も取締役になることが可能（親権者の同意が必要）
定款による制限	【例1】取締役を日本人に限定することが可能
	【例2】取締役の年齢を制限することなどが可能
	取締役を株主に限定する（非公開会社のみ可能）

各候補者の選任議案が普通決議の可決要件を満たした場合に、その候補者が取締役に選任されることになります。

なお、少数株主の意思を反映させるべく、取締役が累積投票制度という手続きによって選任されることもあります。**累積投票制度**とは、２人以上の取締役の選任決議を一括して行い、各株主は１株につき選任すべき取締役の人数と同数の議決権を持ち、株主は、その議決権を１人の取締役へ集中して投票してもよく、複数の取締役に振り分けてもよいとする制度です。累積投票制度は、定款の定めによって排除することができます。

選任の効力

株主総会における取締役の選任決議は、会社内部における意思決定の手続きですので、その効力は、選任された者が取締役への就任を承諾した時に生じます。なお、株主総会で取締役に選任されることを条件に、あらかじめ就任を承諾している場合には、株主総会の選任決議によって直ちに選任の効力が生じます。

3 取締役の員数・任期

取締役の員数

取締役会を設置しない株式会社では、取締役の員数（人数）は１名でもかまいません。これに対して、取締役会設置会社では、必ず３名以上の取締役を選任しなければなりません。充実した議論による意思決定や、代表取締役などの職務の執行を実効的に監視・監督するためには、一定の人数が必要だと考えられるからです。なお、会社法の規定に反しない限り、定款の定めによって、取締役の員数（人数）の上限や下限を設けることは認められています。

取締役会設置会社における取締役の員数を多くすれば、慎重な意思決定を行うことが期待できます。その一方で、迅速な意思決定が迫られる場面で、機能不全に陥る可能性もあります。社外取締役を活用しつつ、取締役の員数を必要以上に増やさないなど、意思決定の安定性と機動性のバランスを考えて、それぞれの株式会社の規模に応じた設計をすることが重要です。

取締役の任期は原則として２年間

取締役の任期は、原則として２年間です。具体的には、選任後２年以内に終了する事業年度（４月１日から翌年３月31日までを１事業年度としている株式会社が多いといえます）のうち、最終の事業年度に関する定時株主総会が終結した時点で、取締役の任期が終了します。

同一の取締役を再任することは可能ですが、２年間の任期を設けることで、定期的に株主総会において株主の信任を受けることができる制度になっています。そのため、定款の定めによって、取締役の任期を伸長することはできないのが原則です。

● 取締役の員数・任期

取締役の員数	取締役の任期
取締役会を設置しない株式会社 取締役は１名でも構わない（定款で員数の上限・下限を定めることは可能）	**原則：２年間** ・同一の取締役を再任することは可能 ・定款で任期を短縮することは可能 ・定款で任期を伸長することは不可
取締役会設置会社 必ず３名以上の取締役を選任しなければならない（３名以上であれば、定款で員数の上限・下限を定めることは可能）	**例外：定款で取締役の任期を10年間まで伸長することが可能** ⇒例外の対象は非公開会社のうち、指名委員会等設置会社や監査等委員会設置会社以外の株式会社

ただし、取締役の任期について、定款の定めによって、任期を2年間から伸長することが認められる場合があります。非公開会社（⇨ P.25）のうち、指名委員会等設置会社や監査等委員会設置会社以外の株式会社の場合です。この場合は、定款の定めによって、取締役の任期を10年間まで伸長することが認められています。このような例外が設けられるのは、公開会社に比べて、非公開会社では、株主が取締役として自ら経営を担い、所有と経営が一致している場合が多いため、定期的に株主の信任を得るべき要請が高くないからです。

取締役の任期の最長期間は前述のとおりですが、定款の定めによって、取締役の任期を上記の最長期間よりも短縮することは可能です。任期を短縮した場合には、現在就任中の取締役に対しても、短縮された任期が適用されます。その際には、任期が短縮された取締役は、当初の任期まで取締役の役職をまっとうするという期待が害されたことになるため、株式会社に対して、損害賠償請求を行うことができる場合があります。

4 取締役の辞任・解任

辞任はどのようにするのか

株式会社と取締役との関係は、民法上の委任契約に基づいています。民法の規定によると、委任契約は、各当事者からいつでも解除することができるため、取締役は、いつでも辞任をすることができます。辞任によって、株式会社と取締役との委任契約が解除されることになります。ただし、取締役が辞任する時期によっては、株式会社に損害が発生する場合があります。民法の規定によると、取締役が株式会社にとって不利な時期に辞任をした場合は、やむを得ない事由があるときを除き、株式会社に対して損害賠償義務を負うことになります。

解任される場合とは

取締役が任期途中で退任する場合としては、辞任、死亡、破産、後見開始などの場合の他、株式会社によって解任される場合があります。会社法は、株式会社に対して、いつでも株主総会決議によって取締役を解任することを認めています。取締役を解任するときは株主総会の普通決議によるのが原則です。

ただし、累積投票制度（⇨ P.61）によって選任された取締役を解任する場合は、株主総会の特別決議が必要です。累積投票制度を採用すると、少数株主が集中的に特定の取締役候補者に投票することで、取締役の選任決議に少数株主の意見を反映させることができます。その点から、累積投票制度によって選任された取締役を解任する場合には、少数株主を保護するために、株主総会の特別決議が必要とされています。

その他、監査等委員会設置会社の監査等委員である取締役を解任す

● 取締役の解任

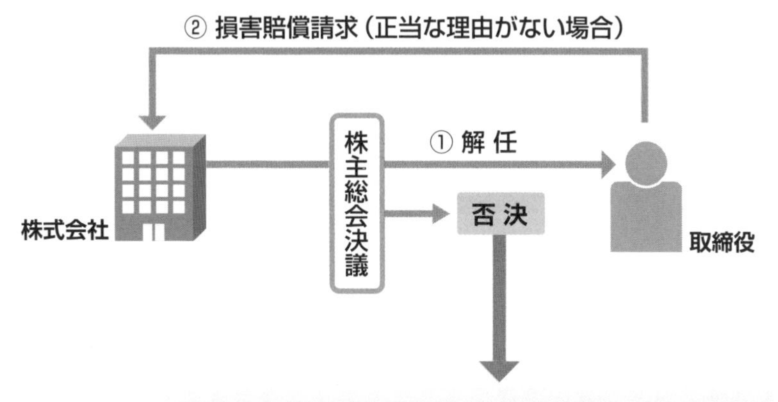

る場合も、株主総会の特別決議が必要です。監査等委員は監査役に類似した権限を持っており、監査役の解任が株主総会の特別決議であることとのバランスを図るためです。解任された取締役は、解任に正当な理由がない限り、株式会社に対して損害賠償請求が可能です。通常は、解任されなければ受け取っていたはずの報酬相当額について、損害賠償請求ができます。解任に正当な理由があると認められたケースとして、取締役が病気のために職務の続行が困難である場合や、取締役の職務遂行について法令違反が認められた場合などが挙げられます。

また、株主が取締役の解任を求める訴えを提起することが認められる場合があります。解任の訴えを提起できる株主は、訴え提起の６か月前から引き続き議決権の３％以上を保有する株主です。解任の訴えは、解任を求める取締役と株式会社を被告として、本店所在地がある地方裁判所に対して提起します。解任の訴えを提起できるのは、取締役が職務の執行に関して不正行為や法令・定款に違反する重大な事実があったにもかかわらず、株主総会において取締役の解任決議が否決された場合です。

5 取締役の報酬等

取締役の報酬等はどのように決定されるのか

会社法は、取締役の報酬の他、賞与その他の職務執行の対価として会社から受ける財産上の利益を「報酬等」と称して、定款または株主総会決議で定めるとしています。取締役の報酬等を取締役会あるいは代表取締役が自由に決定できるとすると、取締役や代表取締役が自分の好きなように報酬等を定めるおそれがあるためです。実際には、取締役の個々の報酬等を定款や株主総会決議で定めることは少なく、取締役全員の総額を定めて、個々の取締役の報酬等の決定は取締役会に一任することが多いようです。

定款や株主総会決議においては、①報酬等のうち額が確定しているものについては、その額を定め、②報酬等のうち額が確定していないものについては、その算定方法を定め、③報酬等のうち金銭でないもの（自社の募集株式や募集新株予約権を除く）については、その具体的な内容を定める必要があります。さらに、令和元年成立の会社法改正により、④報酬等のうち自社の募集株式や募集新株予約権については、その募集株式や募集新株予約権の数の上限などを定め、⑤報酬等のうち自社の募集株式や募集新株予約権と引換えにする払込みに充てるための金銭については、取締役が引き受けるその募集株式や募集新株予約権の数の上限などを定める必要があります。

また、令和元年の会社法改正では、監査等委員会設置会社や上場会社等（次ページ図参照）の取締役会は、取締役（監査等委員である取締役を除きます）の報酬等の内容として上記①から⑤について定めている場合には、定款や株主総会決議によって個人別の報酬等を定めているときを除き、それらの定めに基づいて取締役の個人別の報酬等の

● 取締役の報酬等

定款・株主総会で定めるべき事項	①額が確定している報酬等については、その額 ②額が確定していない報酬等については、その算定方法 ③金銭ではない報酬等（自社の株式や新株予約権を除く）については、その具体的な内容 ④自社の募集株式・募集新株予約権を報酬等にする場合には、その募集株式・募集新株予約権の数の上限など ⑤自社の募集株式・募集新株予約権と引換えにする払込みに充てるための金銭を報酬等にする場合には、その募集株式・募集新株予約権の数の上限など
監査等委員会設置会社や上場会社等※の取締役会で定めるべき事項	取締役会は、取締役（監査等委員である取締役を除く）の報酬等の内容として、上記①から⑤についての定めがある場合には、定款や株主総会決議で個人別の報酬を定めているときを除き取締役の個人別の報酬等の内容についての決定に関する方針を定めなければならない

※ここでの「上場会社等」とは、会社法上の公開会社かつ大会社である監査役会設置会社であって、その発行する株式について有価証券報告書の提出義務を負う株式会社のこと。

内容について決定する際の方針を定めなければならないとしました。

取締役の退職慰労金

退職慰労金は、報酬の後払い的性格を有する面もあり、取締役会で決定できるとすると、取締役が不当に高額な退職金を給付するおそれがあります。そこで、退職慰労金も「報酬等」に含まれ、定款の定めまたは株主総会決議が必要になります。実際には、取締役のプライバシー保護などの観点から、退任する取締役が受け取る退職慰労金の具体的な額が明らかになることを避けるために、株主総会では「退任した取締役に対して、当社の役員退職慰労金規程に従って相当額を支払う」と決議することが多いようです。ただし、このような決議をするには、退職慰労金の具体的な額の算定基準が明確に決まっており、かつ、株主がそれを閲覧できる状態となっている必要があります。

6 取締役の義務

取締役と会社の関係

株式会社と取締役との間の委任契約に基づいて、取締役は、株式会社から委託を受けて、株式会社の管理や運営に必要な職務を執行します。委任契約において、報酬の支払いは必須とされてはいませんが、株式会社と取締役との関係に限らず、委託を受けた者に対して委託者が報酬を支払うのが通常であり、取締役は職務の執行に対して、株式会社から役員報酬を受け取っています。

そして、株式会社と取締役との関係については、会社法の規定だけでなく、次のような民法の委任契約に関する規定も適用されることになります。具体的には、取締役は、いつでも辞任することができますが、それが株式会社に不利な時期である場合は、株式会社に対して損害賠償責任を負うことがあります。また、破産者であることや成年被後見人であることは、取締役の欠格事由にあたりません。しかし、取締役の就任中に破産手続開始決定を受けたり、後見開始の審判を受けたりすると、これらが委任契約の終了事由にあたるため、取締役の地位を失います。

取締役はどんな義務を負っているのか

取締役は、株式会社との委任契約に基づいて、善良な管理者の注意を払って、事務処理を行う義務を負っています。これを善管注意義務といいます。ここで「善良なる管理者の注意」とは、一定の地位や役職に就く者に対して、通常要求されるべき程度の注意を払うことを意味します。取締役は会社経営に関する専門的能力などを期待されて選任されているため、迅速・的確な経営判断を行うことが求められてい

● 取締役の義務

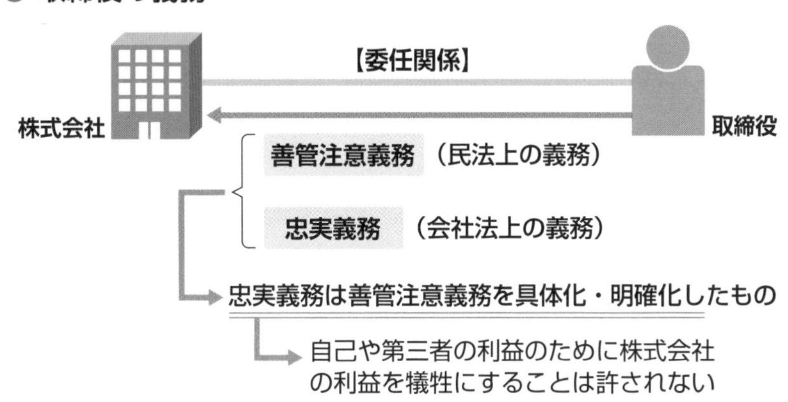

ます。

さらに、会社法は、取締役に対して、会社法をはじめとする各種法令の他、定款や株主総会決議を遵守し、株式会社のために忠実に職務を遂行する義務を負わせています。これを**忠実義務**といいます。忠実義務については、善管注意義務を具体化・明確化した義務であり、その内容は善管注意義務と同一であると考えられています。忠実義務・善管注意義務が課されていることで、取締役は、自己や第三者の利益のために、株式会社の利益を犠牲にすることが許されなくなります。

取締役は、株式会社に対して著しく損害を与える可能性がある事実を発見した際には、株式会社に対して報告する義務を負っています。具体的には、取締役は、株主、監査役（監査役会、監査等委員会）に対して、株式会社に損害が生じる可能性がある事実を報告しなければなりません。取締役には、株式会社に発生する損害の可能性について迅速に報告を行うことで、適切な是正を図り、株式会社の利益を守ることが求められているといえます。

7 取締役の会社に対する責任

会社に対してどんな責任を負うのか

取締役と株式会社との関係は委任関係にあり、取締役は、株式会社に対して、善管注意義務や忠実義務を負います。取締役が善管注意義務や忠実義務に違反することは、民法上の債務不履行にあたりますので、株式会社に対して債務不履行に基づく損害賠償責任を負うことになります。

そして、会社法は、取締役の職務の重要性を考慮し、会社の利益のために職務を執行すべき任務を怠り、株式会社に損害を与えた場合における取締役の責任として、**任務懈怠（けたい）責任**を規定しています。取締役の任務懈怠責任とは、職務の執行について任務を怠った取締役が、株式会社が受けた損害を賠償する責任を負うとする責任です。取締役だけでなく、監査役、執行役、会計監査人、会計参与も任務懈怠責任を負うことがあります。

取締役が株式会社に対して任務懈怠責任を負うのは、①取締役の善管注意義務・忠実義務違反（任務懈怠）の存在、②株式会社に対する損害の発生、③取締役の任務懈怠と株式会社に発生した損害との間に原因と結果の関係（因果関係）があること、④任務懈怠に関して取締役に落ち度（責めに帰すべき事由あるいは帰責事由といいます）があること、という要件をすべて満たす必要があります。このうち①～③の要件は、原則として任務懈怠責任を追及する株式会社側が主張・立証しなければなりません。これに対して、④の要件は、取締役側が自身の行為に落ち度がなかったことを主張・立証することによって、取締役が任務懈怠責任を免れることができる事由にあたります。

● 取締役の任務懈怠責任

〈要件〉

①取締役の善管注意義務・忠実義務違反（任務懈怠）の存在
②株式会社に損害が発生したこと
③取締役の任務懈怠と株式会社に発生した損害との間に因果関係があること
④任務懈怠に関して取締役に落ち度（帰責事由）があること

※①～③の要件：株式会社側が主張・立証する必要がある
④の要件：取締役側が、自身に落ち度がなかったことを主張・立証する必要がある

個別的な責任規定

取締役の任務懈怠責任以外にも、取締役の株式会社に対する責任に関して、会社法は個別の規定を設けています。まず、利益供与に関する規定が挙げられます。ここでの**利益供与**とは、株主の権利行使に関して、金銭などの財産上の利益を供与することをいいます。たとえば、取締役が、株主に対して、株主総会で提案する議案に賛成するよう依頼して、その見返りとして金銭を支払う場合などが挙げられます。利益供与に関与した取締役は、会社法の規定に基づき、利益供与を受けた者と連帯して、供与した利益にあたる金額を株式会社に対して支払う責任を負います。

また、株式会社が剰余金を配当する場合、株式会社の事業運営に支障をきたさないよう、会社法では分配可能額による規制を設けています（財源規制）。財源規制の違反は、違法な剰余金の配当であり、違法な剰余金の配当に関与した取締役は、剰余金の配当を受けた株主と連帯して、分配した剰余金に相当する金額を株式会社に対して返還する責任を負います。

8 競業避止義務

競業避止義務とは

競業避止義務（きょうぎょうひし）とは、取締役が自己や第三者のために、株式会社と同種の事業に関する取引（競業取引）をするのを避ける義務をいいます。取締役は、株式会社に対して善管注意義務・忠実義務を負い、株式会社のために誠実に職務を執行する義務を負っていますが、取締役が株式会社と同種の事業に関する取引を自由に行うことを認めると、株式会社の利益を侵害するおそれがあります。そこで、会社法では、取締役が競業取引を行う場合には、事前に株式会社の承認を得ることを義務付けています。

具体的な方法として、取締役会設置会社では、取締役会決議による承認を得ることが必要です。取締役会を設置しない株式会社では、株主総会の普通決議による承認を得る必要があります。いずれの場合も、承認を得る際には、これから競業取引を行おうとする取締役が、その取引に関する重要事実を開示する必要があります。取引に関する重要事実には、取引の目的物・数量・価格などが含まれます。ただし、複数回にわたる取引について、取締役は、競業取引にあたるものについて包括的に承認を得るという方法も認められます。

「株式会社と同種の事業に関する取引」とは、株式会社の事業と市場（取引の相手方、想定する顧客層など）が同一で、取締役が行おうとしている事業が株式会社とライバル関係に立つ場合を指します。具体的には、取締役が行おうとしている事業が、株式会社の事業として定款に記載されているものが含まれます。さらに、株式会社が現在は行っていない事業であっても、将来の事業進出を本格的に準備しているものは含まれます。反対に、株式会社の定款に記載されている事業

● 競業避止義務

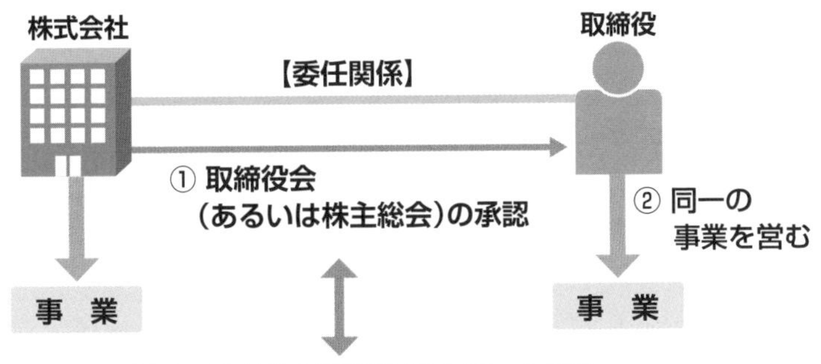

★ 承認を得ずに取締役が競業取引を行った場合

⇒取締役は任務懈怠責任を負う（取引自体は有効）
∴競業取引により得た利益に相当する額が株式会社の損害額であると推定される

であっても、現在は株式会社が行っていないものである場合には、株式会社と同種の事業に関する取引にはあたりません。

また、競業取引における「自己や第三者のために」とは、取締役が、自己や第三者に対して、経済的な利益を得させることを目的にしている場合を指すと考えられています。

会社の承認を得ずに競業取引をした場合

取締役が株式会社の承認を得ずに競業取引を行った場合、取締役は、任務を怠ったとして、株式会社に対して損害賠償責任を負います（任務懈怠責任）。その場合、取締役自身あるいは第三者が取得した経済的利益が、株式会社に生じた損害額であると推定することで、株式会社の立証負担を軽減しています。

なお、株式会社の承認を得ないで行った競業取引であっても、その取引自体は有効です。承認を得たかどうかは株式会社内部の問題であり、取引の安全を図る必要があるからです。

9 利益相反取引

利益相反取引とは

利益相反取引（りえきそうはん）とは、一方に利益が生じるのに対し、他方に不利益が生じる取引です。会社法では、①取締役が自己や第三者のために株式会社と取引を行う場合（直接取引）の他、②取締役が負っている債務について株式会社が保証するなど、取締役以外の者と取引を行う際に株式会社と取締役との利益が相反する場合（間接取引）に、取締役が、その取引に先立って、株式会社の承認を得なければならないと規定しています。具体的には、取締役会設置会社では、取締役会の承認が必要であり、取締役会非設置会社では、株主総会の普通決議による承認が必要です。承認を得る際には、競業取引の場合と同様に、取締役は、株式会社に対して取引に関する重要な事実を開示する必要があります。

①　直接取引

たとえば、株式会社Ａの取締役Ｘが、Ｘ所有の土地を株式会社Ａに対して売却する場合などが直接取引にあたります。この場合の取締役Ｘは、株式会社に不利な条件、かつ、自己に有利な条件で土地の売買契約を締結するおそれがあるため、Ｘは、事前に株式会社Ａの承認を得る必要があります。

②　間接取引

たとえば、株式会社Ｂの取締役Ｙに対して、第三者Ｃが1,000万円の金銭債権を持っているとします。このとき、ＣのＹに対する金銭債権について株式会社Ｂが保証人になるために、Ｃと株式会社Ｂとの間で保証契約を締結した場合、この保証契約が間接取引にあたります。取締役ＹはＣに担保を提供できる反面、株式会社Ｂは保証債務を負担するため、利益相反があるものとして、取締役Ｙは、事前に株式会

● 利益相反取引

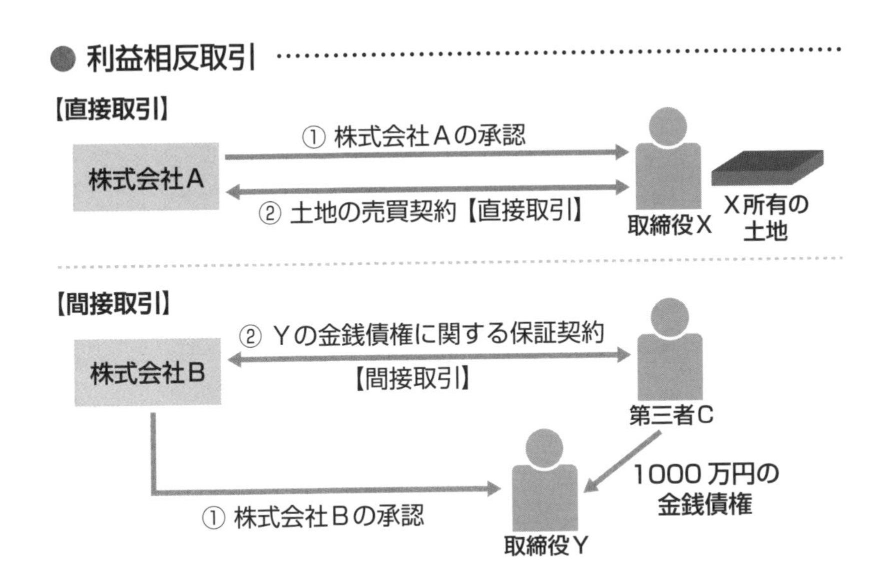

社Bの承認を得なければなりません。

利益相反取引の規制に違反した場合

株式会社の承認を得ずに取締役が利益相反取引を行った場合、株式会社は、その取引の無効を主張することができます。ただし、間接取引については、取引の安全を考慮して、利益相反取引について必要な承認を得ていないことを第三者が知っていた（悪意）ときに限り、株式会社が、その取引の無効を主張することができるとするのが判例の立場です。これに対して、株式会社の承認を得ずに取引を行ったことを理由に、取締役や第三者の側からその取引の無効を主張することはできません。

取締役が利益相反取引により株式会社に損害を与えたときは、株式会社の承認の有無を問わず、その取締役は、株式会社に対して任務懈怠責任を負います。この場合、利益相反取引を行った取締役の他に、利益相反取引を行うことについて承認を与えた取締役も、同様に任務懈怠責任を負うことに注意が必要です。

10 取締役の会社に対する責任の免除・軽減

取締役の責任の免除、軽減とは

会社法は、以下のように、取締役の責任の免除・軽減について一定のルールを定めています。

① 責任の全部・一部の免除

総株主の同意があれば、取締役の任務懈怠責任の全部を免除することができます。また、取締役が任務懈怠を知らず、かつ、知らないことにつき重大な過失がない場合には、株主総会の特別決議があれば、取締役の任務懈怠責任の一部を免除することができます。さらに、取締役が２人以上いる監査役設置会社、監査等委員会設置会社、指名委員会等設置会社は、定款で定めれば、取締役が任務懈怠を知らず、かつ、知らないことにつき重大な過失がない場合には、取締役会決議（取締役会非設置会社では責任を負う取締役以外の取締役の過半数）によって、取締役の任務懈怠責任の一部を免除することができます。

② 責任限定契約による責任の軽減

株式会社は、定款の定めにより、業務執行に携わらない取締役（自社やその子会社の代表取締役、業務執行取締役、執行役、使用人にあたらない取締役のこと）との間で、その取締役が任務懈怠を知らず、かつ、知らないことにつき重大な過失がない場合に、任務懈怠責任を限定する内容の契約（**責任限定契約**）を締結することができます。責任限定契約を締結したときは、定款で定めた範囲内で、あらかじめ株式会社が定めた額と最低責任限度額（報酬の２年分）のどちらか高い方を限度として任務懈怠責任を負います。

③ 会社補償、役員等賠償責任保険（D&O 保険）

令和元年成立の会社法改正によって、取締役の第三者に対する損

● 取締役の会社に対する責任の免除・軽減

責任を免除・軽減する方法	具体的な内容
①責任の免除	総株主の同意があれば、取締役の任務懈怠責任の全部の免除が可能
	取締役が任務懈怠を知らず、知らないことについて重大な過失がない場合には、株主総会の特別決議により、任務懈怠責任の一部を免除可能
	取締役が２人以上いる監査役設置会社、監査等委員会設置会社、指名委員会等設置会社は、定款で定めれば、取締役が任務懈怠を知らず、かつ知らないことにつき重大な過失がない場合には、取締役会決議（取締役会非設置会社の場合は、責任を負う取締役以外の取締役の過半数による決定）によって、取締役の任務懈怠責任の一部を免除可能
②責任限定契約による責任の軽減	業務執行に携わらない取締役との間で、その取締役が任務懈怠を知らず、知らないことについて重大な過失がない場合には、任務懈怠責任を限定する旨の契約を締結できる
③会社補償、役員等賠償責任保険（D&O保険）	株主総会決議（取締役会設置会社では取締役会決議）によって、取締役が負担する一定の費用などの全部もしくは一部を株式会社が補償することを約束する契約（会社補償）の内容を決定できる
	株主総会決議（取締役会設置会社では取締役会決議）によって、役員等賠償責任保険（D&O 保険）契約の内容を決定できる

害賠償責任を軽減する方法が明文化されました。具体的には、取締役が職務の執行に関して第三者に生じた損害賠償責任を負う場合などに、その取締役が負担する一定の費用などの全部もしくは一部を株式会社が補償することを約束する契約（会社補償）と、役員等の責任を追及する訴訟が提起された場合等に役員等に対し訴訟費用や賠償金を補てんする役員等賠償責任保険（D&O 保険）です。どちらの場合も、株主総会決議（取締役会設置会社では取締役会決議）によって内容を決定します。また、どちらも、会社法上の利益相反取引に関する規制は適用されません。

11 取締役の責任が推定される場合・経営判断の原則

任務懈怠や損害額が推定されることがある

株式会社が、取締役に対して任務懈怠責任を追及する場合は、取締役の任務懈怠行為の存在や、取締役の任務懈怠によって株式会社に損害が生じたことについて、株式会社の側が主張・立証しなければなりません。しかし、会社法では、一定の場合に、任務懈怠行為の存在や株式会社に生じた損害額を推定し、株式会社が主張・立証する負担を軽減しています。

取締役の任務懈怠行為が推定されるのは、取締役が利益相反取引を行った場合です。たとえば、取締役が第三者との間で締結した金銭消費貸借契約に基づく債務について、株式会社が債務保証をするという内容の保証契約を第三者との間で締結したとします。そして、取締役が債務の履行を怠り、株式会社が保証債務を履行した場合には、株式会社に損害が生じたといえます。この場合、会社法の規定によると、取締役に任務懈怠行為があったことが推定されます。そのため、株式会社は、取締役が利益相反取引を行ったことを主張・立証すれば、取締役に対する任務懈怠に基づく損害賠償請求が可能です。

また、株式会社に生じた損害額が推定されるのは、取締役が競業避止義務に違反した場合です。具体的には、株式会社の承認を得ないで行った競業取引により取締役などが得た利益の額が、株式会社に生じた損害額であると推定されます。そのため、株式会社は、取締役などが得た利益の額を主張・立証すれば、株式会社に生じた損害額を主張・立証しなくても、取締役に対する任務懈怠に基づく損害賠償請求が可能です。

経営判断の原則

(例) 新規事業への参入

①【経営上の判断】

↓

②事業に失敗 ⇒ 株式会社に多大な経済的損失が生じる

↓

③(原則) 取締役は株式会社に対して任務懈怠に基づく損害賠償責任を負う

↓ しかし、事前にすべてのリスクを予見することは困難…

④【経営上の判断】の時点で事実認識や意思決定の過程に不合理な点がない場合には、任務懈怠に基づく損害賠償責任を免れる

経営判断の原則とは

経営判断の原則とは、取締役の経営上の判断に一定の裁量を認めて、それによって株式会社に損害が生じたとしても、裁量の逸脱・濫用がない限り、その経営上の判断が任務懈怠行為にあたらないとして、取締役の損害賠償責任を否定する考え方です。たとえば、取締役の経営上の判断として、新規事業参入を決定し、新規参入を果たしたが、その事業が失敗し、株式会社に多大な経済的損失が生じたとします。この場合、取締役は任務懈怠に基づく損害賠償責任を負うのが原則です。

しかし、新規事業の行く末について取締役がすべてを予見することは不可能であり、事業規模を拡大する行為自体は、株式会社にとって新たなビジネスチャンスをもたらす可能性もある行為です。このような取締役の積極的な経営上の判断の妨げにならないように、経営判断の原則により、結果はどうであれ、経営上の判断をした時点で事実認識や意思決定の過程に不合理な点がない場合には、取締役が任務懈怠に基づく損害賠償責任を負わないことにしています。

12 取締役の第三者に対する責任

取締役の第三者に対する責任とは

取締役が、その職務を行うことについて悪意（知りながら）もしくは重過失（重大な不注意）があり、これによって株式会社以外の第三者（株主や会社債権者）に損害が発生した場合には、その取締役が、その第三者に生じた損害を賠償する責任を負います。

株式会社は経済社会の中で重要な地位を占めており、その活動は取締役などの職務執行に大きく左右され、その任務懈怠行為があれば、株式会社だけでなく、第三者も多大な損害を受けるおそれがあります。会社法は、第三者を保護するために、取締役が第三者に対して直接に損害賠償責任を負う場合を規定しています。

第三者に損害が発生するケースとして、取締役の行為によって直接第三者が損害を受ける場合（**直接損害**）に加え、取締役の行為から１次的に会社が損害を受け、その結果として２次的に第三者が損害を受ける場合（**間接損害**）もあります。たとえば、取締役の放漫経営によって株式会社が倒産したため、その株式会社に金銭を貸し付けていた人が融資を回収できなくなった場合が間接損害の例です。会社法では、第三者の保護のために、取締役は、第三者が受けた直接損害だけでなく、間接損害についても賠償責任を負うとしています。

第三者に対する責任を負う取締役

自ら第三者に損害を与える行為をした取締役は、当然のことながら、その第三者に対して損害賠償責任を負いますが、このような第三者に損害を与える行為に対する監視義務を故意もしくは重過失によって怠った取締役も、同様に、その第三者に対して損害賠償責任を負い

取締役の第三者に対する責任

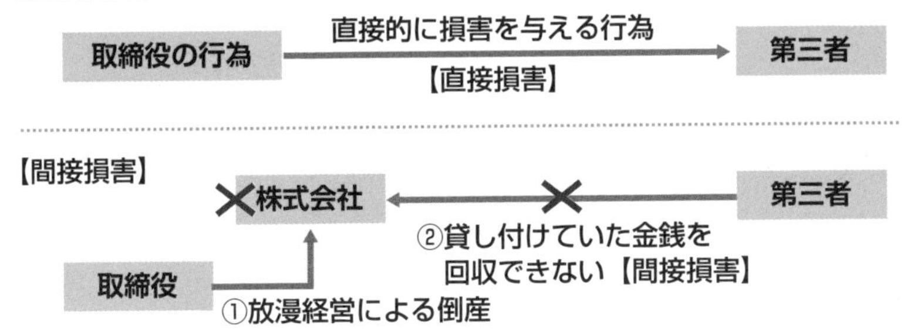

ます。その他にも、適法な選任手続きによって取締役として就任しているものの、実際に取締役としての活動をしていない者（名目的取締役）も、監視義務を故意もしくは重過失によって怠ったと認定されて、第三者に対する損害賠償責任を負う可能性が十分にあります。取締役の就任にあたっては、重い責任を負う可能性を考慮し、慎重に検討すべきといえます。

会社補償と役員等賠償責任保険（D&O 保険）の明文化

令和元年成立の会社法改正によって、一定の範囲内で、取締役の第三者に対する損害賠償責任を軽減する方法として、会社補償と役員等賠償責任保険（D&O 保険）に関する規定が設けられました。どちらも実務上取り入れられているものですが、会社の負担の下で取締役に利益を与えるという性質を持っているので、利益相反取引にあたるかどうかが問題とされていました。そこで、株主総会決議（取締役会設置会社では取締役会決議）を経るなどの手続きを定めた上で、会社法の規制に従う限り、どちらも利益相反取引に関する規制が適用されないことを明確にしています。

13 内部統制システムの整備

内部統制システムとは

内部統制システムとは、株式会社の業務が適正に行われることを担保するために必要な社内体制です。とくに規模の大きい株式会社では、取締役が、従業員などによる業務の遂行が法令や定款に違反していないか、効率的に行われているかなどを、逐一監視することは不可能です。経営責任のある取締役が、業務の遂行を逐一監視できない代わりに、業務の遂行が法令や定款に違反する事態や、非効率な業務の遂行などを、できる限り回避するために必要な体制を整備すべきだといえます。

そこで、会社法は、取締役会設置会社である大会社、指名委員会等設置会社、監査等委員会設置会社において、取締役会が内部統制システムを構築することを義務付けています。これらの株式会社に限らず、取締役会は、内部統制システムの構築に関する方針の決定を各取締役に委任することはできません。もちろん、取締役会は、内部統制システムに関する基本的な事項（目標の設定や組織体制など）を決定すればよく、その詳細については代表取締役などが構築するように委託することは認められています。

内部統制システムの内容や運用状況は、事業報告への記載が必要であり、取締役会設置会社では、事業報告が定時株主総会に提供されることで、内部統制システムについても開示されます。

会社法が取締役会設置会社である大会社、指名委員会等設置会社、監査等委員会設置会社に構築を義務付けている内部統制システムの内容は、①取締役の職務執行に関する情報の保存・管理の体制、②リスクマネジメントに関する規程その他の体制、③取締役の職務執行が効

● 内部統制システムの内容

内部統制システムの内容	内部統制システム構築義務
①取締役の職務の執行に関する情報の保存・管理の体制	**取締役** ↓ **内部統制システムの構築に関する義務を負う** ●内部統制システムの構築に関する義務違反⇒任務懈怠に基づく損害賠償責任を負う ※取締役が善管注意義務や忠実義務を尽くして不正行為等を防止するための内部統制システムを構築していたと評価できる場合には、不正行為が発生したことのみをもって任務懈怠責任に問われない
②リスクマネジメントに関する規程その他の体制	
③取締役の職務の執行が効率的に行われることを確保するための体制	
④従業員の職務の執行が法令・定款に適合することを確保するための体制	
⑤企業グループにおける業務の適正を確保するための体制	
⑥監査役などの監査が実効的に行われることを確保するための体制	

率的に行われることを確保するための体制、④従業員の職務執行が法令・定款に適合することを確保するための体制、⑤企業グループにおける業務の適正を確保するための体制、⑥監査役などの監査が実効的に行われることを確保するための体制などがあります。

このうち、④従業員の職務執行が法令・定款に適合することを確保するための体制については、あらゆる不正行為を完全に排除しなければ、内部統制システムの整備に関する任務懈怠があったと認められるというわけではありません。通常想定される不正行為等を防止しうる程度の内部統制システムが構築されているといえる場合には、仮に不正行為が発生したとしても、取締役に任務懈怠は認められないと考えることができます。また、どのような内部統制システムが効果的であるかは、各株式会社の状況に応じて異なり、最善の内部統制システムが一義的に決まる性質のものでもないため、内部統制システムの内容の決定については、法令の範囲内で一定の裁量が認められると考えられます。

14 取締役の違法行為を是正する手段

違法行為の差止請求権

違法行為の差止請求権とは、取締役が法令や定款に違反する行為を行っているか、あるいは行うおそれがある場合に、一定の要件を満たす株主が、その行為を止めるように求めることができる権利です。違法行為の差止請求権を訴訟によって行使することも可能です。

株主が取締役の違法行為を是正するための手段としては、株主代表訴訟（責任追及等の訴え）もあります。しかし、株主代表訴訟は、取締役が過去に行った違法行為について、損害賠償請求という形で責任を追及する制度です。これに対して、違法行為の差止請求権は、現在行われている、あるいは今後行われる可能性がある取締役の違法行為を、それが過去のものとなる前に是正するための制度です。これによって、株式会社が損害を受けることを事前に回避できるというメリットがあります。

違法行為の差止請求権を行使することができる株主は、6か月前から引き続き株式を保有している株主に限定されています。ただし、定款の定めによって、6か月より短い保有期間を定めることも可能であり、非公開会社については、株式の保有期間による制限がありません。

違法行為の差止請求権を行使するためには、取締役の違法行為によって、株式会社に「著しい」損害が生じるおそれがある場合でなければなりません。これに対して、監査役設置会社、指名委員会等設置会社、監査等委員会設置会社の株主は、取締役の違法行為によって、株式会社に「回復することができない」損害が生じるおそれがある場合でなければ、違法行為の差止請求権を行使することができません。これらの機関設計を持つ株式会社の場合は、監査役、監査委員、監査

● 違法行為の差止請求権

等委員が、同様の違法行為の差止請求権を行使することができるため、株主による権利行使を制限しています。

また、差止請求権の対象になる取締役の法令違反行為に関しては、会社法の個々の規定に違反する場合が対象になることはもちろんですが、その他に、取締役の善管注意義務や忠実義務違反（⇨ P.68）もその対象となります。ただし、取締役が行った経営上の判断については、経営判断の原則（⇨ P.79）によって、違法行為の差止請求権の行使が制限されます。

取締役の解任の訴え

取締役の解任の訴えとは、取締役の職務執行に関して、法令や定款に違反する重大な事実や不正行為があるにもかかわらず、その取締役を解任する議案が株主総会で否決された場合に、一定の株主が、裁判所に対して、その取締役の解任を求めて提起する訴えです。取締役の解任の訴えを提起することができるのは、6か月前から引き続き議決権の100分の3以上の株式を保有する株主に限られています。そして、株式会社と解任すべき取締役の双方を被告として訴えを提起します。

15 取締役に科せられる罰則

なぜ罰則が規定されているのか

株式会社をめぐる法律関係については、取締役や株主など株式会社の内部者との関係のみではなく、取引先や融資先など株式会社の外部者との関係も重要です。

会社法では、これらの株式会社と関わる多くの者が、不測の損害を被ることがないように、とくに取締役などの経営者側の行為に対して、さまざまな規制を設けています。しかし、取締役などの中には、会社法の規制に違反した結果、取引先などに対して重大な経済的損失を与える可能性があります。任務懈怠行為などによって株式会社や第三者に損害を与えた取締役などは、損害賠償責任を負うのが原則です。

しかし、行為がとくに悪質な場合には、損害賠償責任のみでは不十分であることも考えられます。会社法では、一定の行為をした取締役などに対して刑事罰を与えるしくみを整えており、適法な職務の執行を行うように働きかけています。

どんな罰則があるのか

会社法の規定によると、取締役が、自己や第三者の利益を図る目的で、あるいは株式会社に損害を加える目的で、その任務に背く行為をして、株式会社に損害を発生させた場合には、10年以下の懲役もしくは1,000万円以下の罰金が科せられます（両方が科せられる場合もあります）。これを**特別背任罪**といいます。

たとえば、金融機関の取締役が、経営に苦しむ友人が経営する会社のために、担保を設定することなく過剰な金額の融資をした場合、取締役の行為は不正な融資にあたりますので、その取締役に特別背任罪

● 取締役に対するおもな罰則

取締役に対するおもな罰則	罰則の具体的な内容
特別背任罪	10年以下の懲役か1000万円以下の罰金、あるいはその両方
会社財産を危うくする罪	5年以下の懲役か500万円以下の罰金、あるいはその両方
職務に関する贈収賄罪	5年以下の懲役か500万円以下の罰金
預合の罪	5年以下の懲役か500万円以下の罰金、あるいはその両方
株式の超過発行に関する罪	5年以下の懲役か500万円以下の罰金
株主の権利の行使に関する利益供与の罪	3年以下の懲役か300万円以下の罰金

が成立する可能性があります。特別背任罪にあたるか否かは、取締役が任務に背いた期間や回数、株式会社に生じた損害額、任務違反行為の計画性の有無などが考慮されます。

また、会社法には**会社財産を危うくする罪**が規定されています。たとえば、取締役が法令や定款に違反して剰余金の配当を行った場合には、5年以下の懲役もしくは500万円以下の罰金が科せられます（両方が科せられる場合もあります）。たとえば、剰余金の配当が不可能な状況であるにもかかわらず、取締役が剰余金の配当を行うと、株式会社の財政的基盤を危険にさらすため、刑事罰が規定されています。

その他、発行可能株式総数を超過して株式を発行した場合（超過発行）には、5年以下の懲役もしくは500万円以下の罰金が科せられます。さらに、取締役が職務に関し不正な依頼を受けて、財産上の利益を得たり、その要求・約束をしたりした場合（収賄）にも、5年以下の懲役もしくは500万円以下の罰金が科せられます。

Column

補欠役員とその役割

会社法では、役員（取締役、監査役、会計参与）について欠員が生じた場合に備えて、補欠の役員を選任することができると規定しています。取締役を例にとると、任期途中で取締役が辞任したり、あるいは死亡したりすることで、取締役が存在しなくなる場合に備えて、あらかじめ補欠取締役を選任しておくことができます。取締役会設置会社においては、取締役の員数は３名以上なので、この員数が欠ける場合に備えて、補欠取締役を選任することも可能です。補欠取締役も通常の取締役と同様に、株主総会決議により選任されます。ただし、補欠取締役が複数名選任される場合には、株主総会決議によって、取締役に就任する優先順位を定めておかなければなりません。

これに対して、補欠監査役については、任期について注意すべき点があります。通常の監査役は、取締役（原則として２年）より長期にわたる４年の任期が定められています。そして、監査役の独立性を確保するために、この任期は、定款の定めによって伸長することも、短縮することもできないのが原則です（非公開会社に限り最長10年まで伸長が可能です）。ただし、補欠監査役の任期については、例外が規定されています。具体的には、任期途中で退任した監査役の代わりに補欠監査役が就任した場合に、その任期を退任した監査役の任期が終了する時までとする定款の定めを設けることができます。つまり、定款の定めによって、補欠監査役の任期を短縮することが認められています。これは、監査役の役割の重要性を考慮し、任期満了時における監査役の選任について、全員を一挙に選任するためのしくみが整えられているといえます。

第４章
取締役会とその他の役員をめぐる問題

1 取締役会

取締役会とは

取締役会とは、取締役全員によって構成され、株式会社の業務執行に関する意思決定などを行う機関です。取締役会を設置するか否かは、原則として、株式会社が自由に選択することが可能です。定款で定めることによって、取締役会設置会社になることができます。取締役会設置会社であることは、必ず登記しなければなりません。

ただし、会社法では、公開会社（⇨ P.25）、監査役会設置会社、指名委員会等設置会社、監査等委員会設置会社には、取締役会の設置を義務付けています。取締役会は、株式会社の業務執行に関する意思決定を行いますが、日常的な業務に関する意思決定までを取締役会で行うことは非効率的であるとともに、現実的ともいえません。そのため、日常的な業務に関する意思決定は、代表取締役などに委任することが可能です。

しかし、株式会社にとって重要な事項に関する意思決定は、代表取締役などに委任することはできず、取締役会が自ら意思決定を行わなければなりません。会社法では、重要な財産の処分・譲受け、多額の借財、支配人やその他重要な使用人の選任・解任、支店などの重要な組織の設置・変更・廃止、社債の募集などの事項については、必ず取締役会が意思決定をしなければならないと規定しています。また、大会社の取締役会設置会社は、取締役会において、内部統制システムの整備についての基本方針の決定を行うことが義務付けられています。

その他、取締役会の重要な機能として、取締役の職務執行の監督が挙げられます。監督の対象については、職務執行の適法性だけでなく、効率性などの観点から、職務執行の方法が適切か否かという妥当性に

● 取締役会（指名委員会等設置会社以外の場合）………………

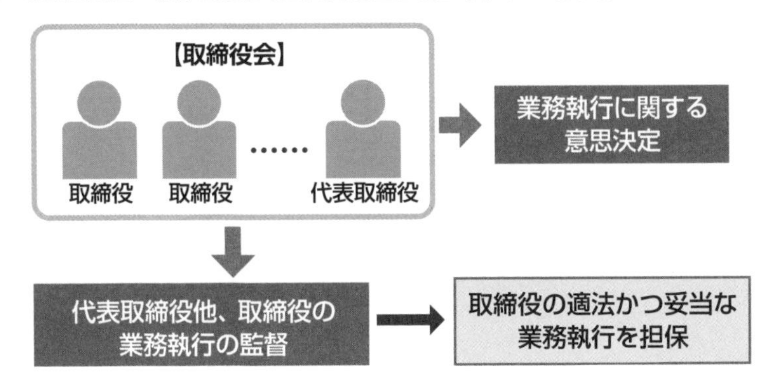

も及ぶことに注意が必要です。この職務執行の監督を適切に行うために、代表取締役や業務執行取締役は、取締役会に対して、３か月に１回以上、自らの職務執行の状況を報告する義務を負っています。そして、とくに代表取締役の職務執行が適切ではないと判断した場合などにおいて、取締役会には、その代表取締役を解職する権限が与えられています。解職された代表取締役は、代表権のない取締役となります。さらに、代表取締役の選定をする権限を持っているのも取締役会です。

なお、指名委員会等設置会社の場合は、業務執行を担う執行役を選任・解任したり、代表取締役の代わりとして、会社代表権を持つ代表執行役を選定・解職したりする権限があります。

３人以上の取締役で構成される

取締役会は、すべての取締役によって構成されます。取締役会における充実した議論による意思決定や、職務執行に対する監督権限の実効性確保のためには一定の人数が必要です。会社法は、取締役会設置会社においては、必ず３名以上の取締役が選任されなければならないと規定しています。

2 取締役会の招集手続き

取締役会の招集権者と招集手続き

取締役会は、すべての取締役により構成されており、原則として、すべての取締役が招集権限を持ちます。定款で特定の取締役を招集権者として定めた場合には、その取締役が招集権者になります。ただし、招集権者以外の取締役は、議題（会議の目的事項）を示した上で、招集権者である取締役に対して、取締役会の招集を請求することが可能です。この場合、招集請求の日から５日以内に、招集請求の日から２週間以内の日を開催日とする取締役会が招集されないときは、招集請求をした取締役が自ら取締役会の招集を行うことが可能です。

取締役会を招集する場合は、原則として、取締役会が行われる１週間前までに、すべての取締役に対して、招集通知を出さなければなりません。この点について、監査役設置会社の場合には、監査役も取締役会への出席義務を負うことから、取締役会の招集権者は、すべての監査役に対しても、招集通知を出さなければなりません。ただし、取締役や監査役の全員の同意があれば、招集手続きを省略して取締役会を招集することが可能です。

取締役会の招集通知は、定款に書面で行うとの定めがない限り、口頭や電磁的記録によって行うことができます。書面で行う場合には、①日時、②開催場所、③議題、④業務執行を担当する取締役が報告する事項などを記載するのが一般的です。

会社法では、取締役会の招集通知に記載すべき事項が規定されていません。したがって、取締役会の招集通知には、議題・議案などの記載は省略可能です。この点、株主総会の招集通知を書面でする場合には議題の記載が必要であることと対照的です。

● 取締役会の招集手続き（監査役設置会社の場合）……………

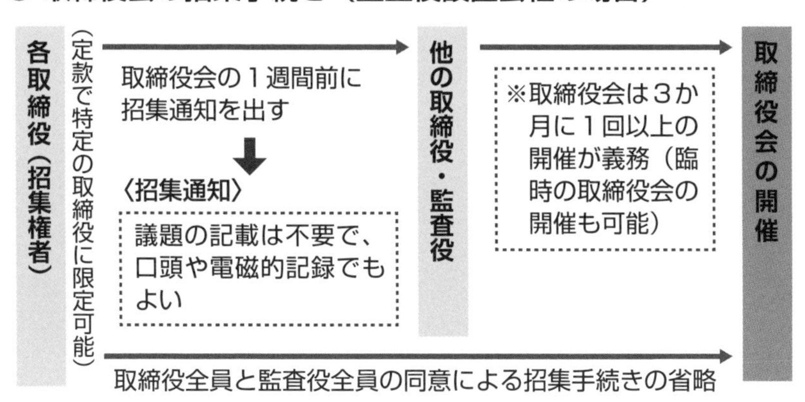

また、株主総会では、議題として記載した事項以外の内容について決議することはできません。しかし、取締役会では、招集通知に議題に関する記載をしていたとしても、開催した取締役会の進行に応じて、必要な場合には、記載事項以外の内容について決議を行うことも認められています。取締役会の構成員である取締役には、株式会社の事業運営や管理についての権限と責任が与えられています。その権限と責任をまっとうするため、機動的な対応が求められる場面が多いことから、招集通知に記載していない事項についても、臨機応変に決議を行うことを認めています。

臨時の取締役会を開くこともできる

会社法は、代表取締役などの業務の執行を担当する取締役に対して、３か月に１回以上、取締役会における報告義務を課しています。そのため、最低でも３か月に１回以上は、取締役会の招集が行われなければなりません。なお、招集時期に関する会社法の規制はこの点だけなので、緊急の意思決定が必要である場合や、代表取締役が死亡したために後任の選定が必要になった場合などに、臨時の取締役会を開催することが可能です。

3 取締役会の権限

どんな権限があるのか

取締役会のおもな権限として、株式会社の業務執行に関する意思決定や、代表取締役の選定・解職などが挙げられます。重要な財産の処分・譲受けや多額の借財など、株式会社にとって重要性が高い事項は、代表取締役などに意思決定を委任することができず、必ず取締役会決議で意思決定をした上で行わなければなりません。これら取締役会が自ら決定しなければならない事項を**法定決議事項**と呼んでいますが、ある行為が法定決議事項にあたるのかどうかの判断が困難な場合もあります。ここでは、株式会社が重要な財産の処分・譲受けをする場合に、何が「重要な財産」にあたるのかを見ていきます。

「重要な財産」にあたるか否かの基準として、処分・譲受けの対象になる財産の価格も判断要素のひとつになりますが、その財産が株式会社の全資産に対して占める割合、その財産を株式会社が保有する目的、その財産の処分・譲受けの態様なども参考にして判断することになります。ここで「処分・譲受けの態様」とは、その財産の処分・譲受けが、一般的に広く行われている取引であるのか、同様の財産に関して、従来から株式会社がどのように取り扱ってきたのかをもとに、その財産が「重要な財産」にあたるのかどうかを判断することになります。

実務上の取扱いとして、不明確になりがちな「重要な財産」にあたるか否かの判断基準を明確化するために、多くの株式会社では、取締役会規則などで基準を定めています。たとえば、「総資産の○％を超える金額の対価が発生する取引」を重要な財産の処分・譲受けにあたるとするなど、あらかじめ具体的に数値基準や取引類型を定めておくと、「重要な財産」について判断しやすくなります。

● 取締役会の権限

株式会社の業務執行に関する意思決定の権限を持つ

◎法定決議事項は必ず取締役会自身が意思決定を行わなければならない

（例）「重要な財産の処分・譲受け」

【判断基準】
- 財産の価格
- 財産が株式会社の全資産に対してどの程度の割合にあたるのか
- 財産を株式会社が保有する目的
- 財産の処分・譲受けの態様　など

取締役会決議に問題のあることが事前にわかった場合

取締役会決議について、その招集手続きや決議内容が法令や定款に違反しているという問題が生じている場合があります。会社法では、取締役会決議に問題のある場合について、とくに規定を設けていませんが、原則として、このように問題のある取締役会決議は無効になると考えられます。

そして、株式会社と第三者との間の取引に関し、問題のある取締役会決議が原因となって、その取引が無効になると、取引関係に入った第三者に影響が出る場合もあります。さらに、その取引によって株式会社に損害が生じた場合には、取締役会決議について議事録で異議をとどめなかった取締役は、株式会社に対して任務懈怠に基づく損害賠償責任を負う可能性があります。

そのため、取締役会決議に問題があることが事前にわかった場合には、取締役は、取締役会決議が行われる前に是正を図るよう努め、決議で可決された場合であっても、議事録に異議をとどめるとの記載をすべき（反対の意思表示をすべき）といえます。

4 取締役の職務執行の監督

取締役の職務執行の監督とは

取締役会の職務のひとつとして、取締役の職務執行に対する監督が挙げられます。取締役会を構成する各取締役が監督義務を負うことになります。

取締役会は、直接的には、取締役の職務執行を監督することになりますが、実質的には、株式会社全体の業務に関する監督を行うことになるともいえます。取締役のうち業務執行を担当する取締役（代表取締役など）は、株式会社の従業員に対する職務の指揮・監督を行います。そのため、従業員に対する指揮・監督を行う取締役に対して監督を行う取締役会は、終局的には、株式会社の業務の全体について監督を行うものといえるためです。

取締役の職務執行に対する監督の実効性を確保するために、会社法では、代表取締役や業務執行取締役に対して、３か月に１回以上、取締役会に職務執行について報告する義務を規定しているのは前述のとおりです（⇨ P.91）。実際には、毎月定時取締役会を開催し、職務執行の報告を行う会社もあります。また、監督の対象は、取締役会の上程事項にとどまらず、株式会社の事業経営全般にわたります。

取締役会による監督の特徴として、代表取締役などの職務執行について、その適法性を担保することに限られない点が挙げられます。取締役は、株式会社に対して善管注意義務・忠実義務（⇨ P.68）を負っており、会社法などの法令や定款に違反する行動が許されないことはいうまでもありません。そのため、取締役会の監督権限の行使によって、取締役に対して法令や定款に従った行動を促す必要があります。また、取締役の行為が法令や定款に違反していなくても、株式会社に

● 取締役の職務執行の監督

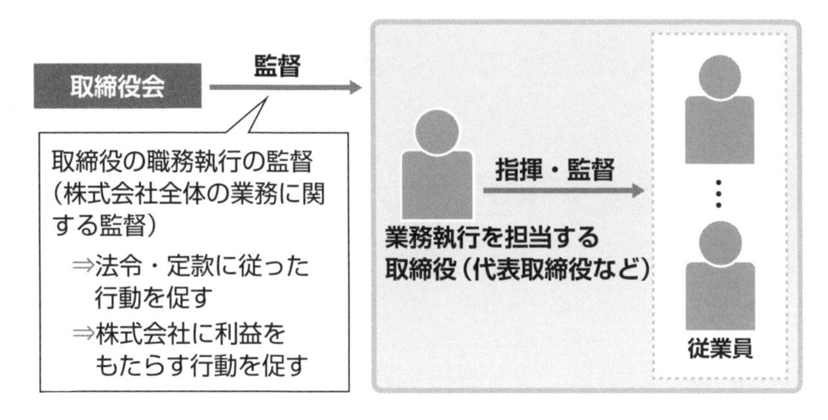

利益をもたらさない、あるいは株式会社の利益を損なう内容である場合には、そのような行動を回避させる必要があります。そこで、取締役会の取締役に対する監督権限は、株式会社の利益にかなっているか否か（妥当性）という観点から行使することも認められます。具体的には、取締役の行為が効率性を欠いている場合や、株式会社にとって不合理な内容である場合にも、監督権限を行使して、株式会社に利益をもたらす内容になるように是正を促すことが可能です。

監督の実効性の確保

取締役会による監督権限の行使がペナルティなどを伴わない場合には、代表取締役などがそれに従う保証はありません。そこで、取締役会に対しては、職務執行の責任者である代表取締役の選定権限とともに、解職権限も与えられています。株式会社に利益をもたらさない、あるいは株式会社の利益を失わせるような代表取締役は、最終的に取締役会によって解職される危険があるため、取締役会による監督権限が実効性を持つことになります。

5 取締役会の決議

取締役会の運営方法

取締役会は、取締役全員（監査役設置会社の場合は取締役全員と監査役全員）が一堂に会して行うのが原則です。しかし、一堂に会することが困難である場合も考えられますので、取締役会の効率的運営のために、電話会議やテレビ会議の方式を採用することは認められます。また、定款に定めることで、取締役から議案の提案があり、その議案につき議決に加わることができる取締役全員が書面や電子メールなどの電磁的記録により同意の意思表示を行い、監査役全員が議案について異議を述べなかったときは、その議案が取締役会決議により可決されたとみなすことができます（書面決議）。

取締役会の決議は、議決権を持つ取締役の過半数が取締役会に出席し、出席した取締役の過半数の賛成が必要です。定款の定めによって、定足数や必要な賛成の割合を加重することは可能ですが、これを軽減することはできません。

議事録の作成

取締役会における議事については、議事録の作成が義務付けられています。議事録には、取締役会に出席した取締役全員や監査役全員の署名または記名・押印が必要です。なお、議事録を電磁的記録（PDF形式など）で作成することも可能ですが、その場合には、電子署名の方式によって署名することが求められます。

また、取締役会に出席した取締役のうち、議事録に異議をとどめない者は、取締役会決議に賛成したものと推定されることに注意が必要です。つまり、その取締役会決議に基づいた事業運営などの結果とし

● 取締役会の決議

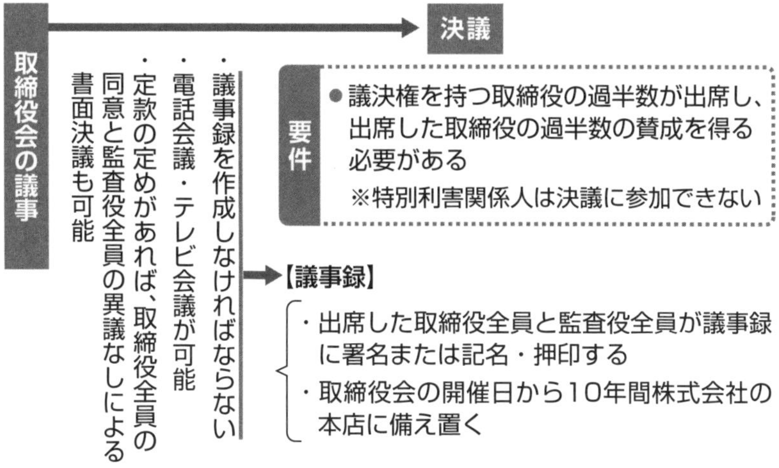

取締役会の議事

- 議事録を作成しなければならない
- 電話会議・テレビ会議が可能
- 定款の定めがあれば、取締役全員の同意と監査役全員の異議なしによる書面決議も可能

→ 決議

要件
- 議決権を持つ取締役の過半数が出席し、出席した取締役の過半数の賛成を得る必要がある
  ※特別利害関係人は決議に参加できない

→【議事録】
- ・出席した取締役全員と監査役全員が議事録に署名または記名・押印する
- ・取締役会の開催日から10年間株式会社の本店に備え置く

て、株式会社に損害が生じた場合には、議事録に異議をとどめなかった取締役も、株式会社に対して損害賠償責任を負う可能性があります。

なお、作成した議事録は、取締役会の開催日から10年間、株式会社の本店に備え置かれなければなりません。株主、債権者、親会社社員（親会社の株主など）は、取締役会の議事録の閲覧・謄写を請求することができます。監査役・監査等委員・監査委員のいない会社の株主をのぞき、閲覧・謄写には裁判所の許可が必要です。

特別利害関係人と取締役会決議の関係

原則として取締役会では、出席した取締役が議決権を持ちますが、決議に関して特別な利害関係を持つ取締役は、その決議に参加することができません。そのような取締役を特別利害関係取締役といいます。たとえば、ある取締役が競業取引を行う場合や利益相反取引を行う場合、それらの取引を承認する取締役会決議においては、その取締役は特別利害関係取締役となります。これらの決議を行う場合、その取締役は決議に参加できません。

6 代表取締役

代表取締役とは

代表取締役とは、株式会社を代表する者として、取締役の中から選定され、その株式会社の業務執行などを担当する機関を指します。代表取締役は、取締役会によって選定・解職され（取締役会設置会社の場合）、株主総会や取締役会による意思決定・監督に従わなければなりません。会社法は、代表取締役の人数制限について規定を設けていないため、１人でも複数名でもかまいません。

代表取締役が取締役会決議に基づき解職されても、取締役の地位まで当然に剥奪されるわけではありません。また、代表取締役は、取締役会により解職される場合以外にも、いつでも代表取締役を辞職することが可能です。この場合、取締役は辞任しない（取締役としての地位は残す）こととすることができます。

代表取締役は、取締役会設置会社においては、必ず設置しなければならない機関です。これに対して、取締役会を設置しない株式会社では、定款の定め、取締役の互選、株主総会決議のいずれかの方法で、代表取締役を選定することができます。代表取締役を選定した場合には、株式会社を代表する権限を持つのが代表取締役に限定され、その他の取締役は株式会社を代表する権限を持たないことになりますので、注意しなければなりません。

なお、取締役会設置会社であっても、指名委員会等設置会社である場合には、代表取締役を選定することができません。指名委員会等設置会社を代表する権限は、執行役の中から選定された代表執行役が持つからです。

● 表見代表取締役

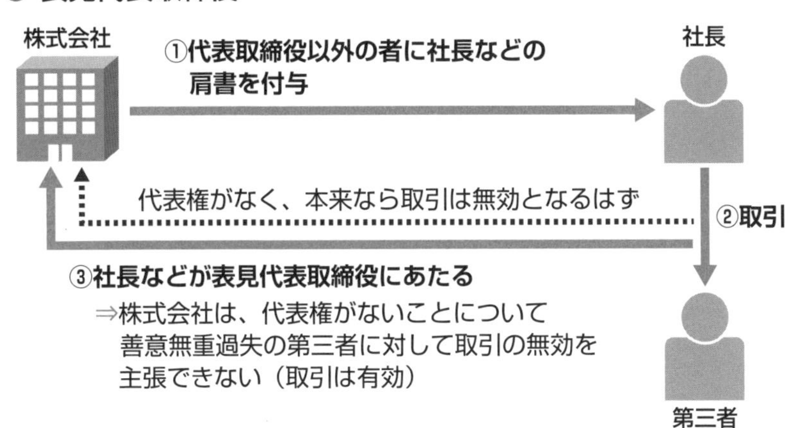

表見代表取締役の行為に対する株式会社の責任

代表取締役に就任するのは、社長や副社長などの名称を持つ者が多いといえます。しかし、代表取締役以外の者に対して、社長や副社長などの肩書を付与することも可能です。社長や副社長などの役職にある者は、たとえ代表取締役でなかったとしても、取引先などの外部の者からすると、あたかも株式会社を代表する権限を有しているかのような外観が認められます。このような者を**表見代表取締役**といいます。

株式会社と取引関係にある第三者は、社長などの名称を付けた取締役を代表取締役と誤認するおそれが高いといえます。そこで、代表取締役と誤認するおそれがある名称を付けた取締役による行為について、株式会社は、代表権限がないことを知らず、かつ、知らないことにつき重大な過失がない（善意無重過失）第三者に対して責任を負うことになっています。したがって、表見代表取締役との間で第三者が取引を行った場合、社長などの名称を付けた取締役が代表取締役でないことにつき、第三者が善意無重過失である場合、株式会社は、取引の無効を主張することができなくなります。

7 代表取締役の権限と責任

どんな権限があるのか

代表取締役は、株式会社の業務を執行する権限（業務執行権）を持ちます。取引先などの外部の者との関係では、株式会社を代表する権限（代表権）が認められています。

代表取締役は、株式会社の業務に関する一切の裁判外の行為だけでなく、裁判上の行為をする権限も持っています。裁判外の行為の例として、株式会社と取引先との間でトラブルが発生した場合に、代表取締役が株式会社を代表して示談を成立させることが挙げられます。裁判上の行為の例として、そのトラブルが解決しない場合に、代表取締役が株式会社を代表して訴訟を提起することが挙げられます。

代表取締役が複数名選任されている場合には、各代表取締役が代表権を持ちます。定款の定めなどによって、特定の代表取締役の代表権の範囲を制限することは可能です。しかし、そのような制限は、株式会社の内部的事情に過ぎないため、代表権が制限されていることを知らない（善意）第三者が、代表権を制限されている代表取締役との間で取引をした場合、株式会社は、代表権の制限を理由に、その取引の無効を主張することはできません。

その他にも、代表取締役は、取締役会の委任を受けて、一定の事項について、株式会社の業務執行に関する事項の意思決定を行うことができます。ただし、取締役会が委任できる事項は、日常的な業務執行に関する事項などに限定され、株式会社にとって重要な財産の処分・譲受けなど（⇨ P.94）については、必ず取締役会が意思決定を行わなければなりません。

さらに、代表取締役は、日常的な業務執行に関する事項を、代表権

● 代表取締役の行為の効果

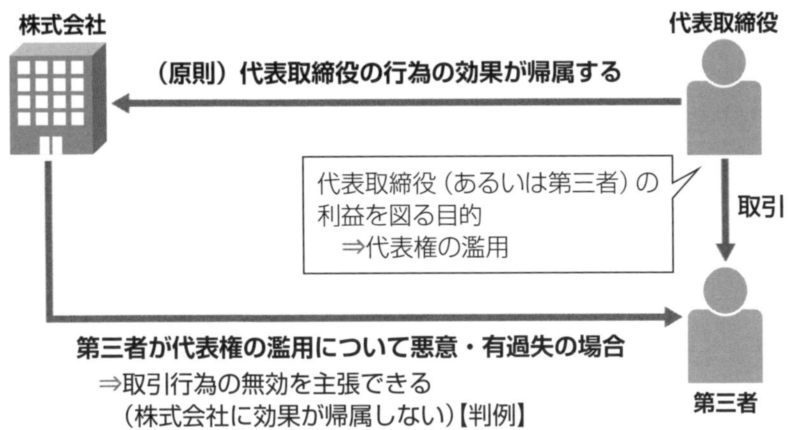

のない他の取締役や従業員（使用人）に委任することも可能です。その場合、代表取締役は、委任した業務の執行を監督する義務を負います。

代表取締役による行為の効果

代表権を持つ代表取締役による取引などの行為の効果は、原則として株式会社に帰属します。代表権について制限が加えられている代表取締役による行為の効果は、前述のとおりです。

代表取締役は、株式会社のために、代表権を行使しなければなりません。しかし、自己あるいは第三者の利益のために取引を成立させるなど、代表取締役が代表権を適切に行使しない場合があります。これを代表権の濫用といいます。

代表権の濫用があった場合、代表取締役は、株式会社に対して任務懈怠に基づく損害賠償責任を負います。代表権の濫用による行為の効果については、代表取締役が自己または第三者の利益のために取引をする意思を持っていることを、取引の相手方が知り（悪意）、もしくは知ることができた（有過失）場合には、その行為は無効になるというのが判例の立場です。

8 監査役の権限・責任

監査役とは

監査役とは、株式会社において、取締役や会計参与の職務執行を監査するために設置される機関です。具体的には、取締役が職務を適正に行っているのかを調査するとともに、適正に行われていない場合には、不適正な部分を是正する役割を担います。

取締役会設置会社は、非公開会社（⇨ P.25）において会計参与を設置している場合を除き、監査役を設置しなければならないのが原則です。また、会計監査人設置会社も、監査役を設置するのが原則です。ただし、例外として、指名委員会等設置会社や監査等委員会設置会社においては、監査役の設置ができません。

監査役は株主総会の普通決議で選任されます。すでに選任されている監査役がいる場合で、新たに監査役を選任する場合には、取締役は、その監査役の同意（監査役が複数いる場合は過半数の同意）を得なければなりません。監査役会が設置されている場合は監査役会の同意が必要です。

監査役の任期は、原則として４年です。非公開会社を除いて、任期の短縮・伸長はできないのが原則です。任期途中で解任する場合は、株主総会の特別決議が必要です。監査役は、株主総会において、自身の選任や解任・辞任だけでなく、他の監査役の選任や解任・辞任についても、意見を述べることができます。

監査役の権限・責任

監査役の主要な役割は、取締役の職務執行の監査（業務監査）であるため、取締役の行為が法令や定款に違反していないかを調査します。

● おもな監査役の権限・責任

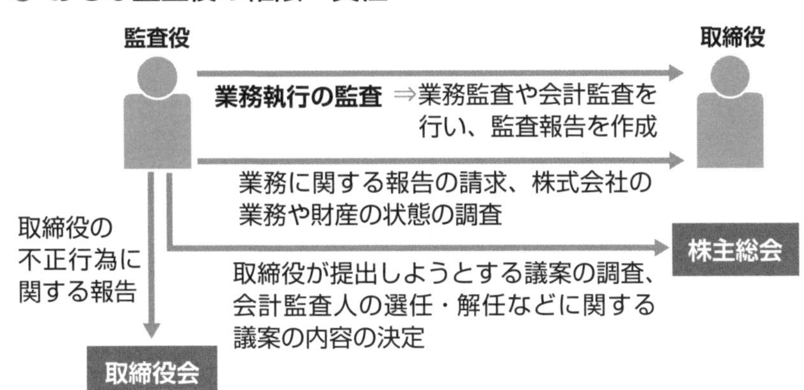

この業務監査に加えて、計算書類や事業報告などの監査（会計監査）も行います。

監査役の主要な権限・責任としては、業務監査や会計監査の結果に基づいて監査報告を作成する他、以下の内容が挙げられます。

まず、監査役は取締役や会計参与などに対して、業務に関する報告を求め、株式会社の業務や財産の状態を調査する権限が与えられています。そして、取締役が不正行為を行うか、そのおそれがある場合には、取締役会（取締役会を設置しない株式会社の場合は取締役）に対して報告する義務を負います。その不正行為によって株式会社に著しい損害が生じるおそれがあれば、取締役に対して違法行為の差止請求ができます。その他、取締役と株式会社との間の訴訟では、監査役が株式会社を代表します。

さらに、監査役は、取締役会への出席義務があり、必要に応じて意見を述べなければなりません。株主総会との関係では、取締役が提出しようとする議案などを調査し、法令違反などがあれば株主総会で報告する義務がある他、株主総会に提出する会計監査人の選任・解任などに関する議案の内容は監査役が決定します。

9 監査役会

監査役会とは

監査役会とは、すべての監査役で構成され、監査役の職務に関する事項を決定する機関です。監査役会を設置するためには、取締役会を設置することが必要です。大会社かつ公開会社である株式会社は、監査役会を設置しなければなりません。これらの例外として、指名委員会等設置会社や監査等委員会設置会社においては、監査役会を設置することができません。

監査役会は、3名以上の監査役により構成され、その半数以上は社外監査役でなければなりません。社外監査役とは、就任する前10年間、株式会社やその子会社の取締役、会計参与、執行役、従業員（使用人）であったことがない者など、株式会社との間に一定の関係がない者を指します。さらに、監査役会には1名以上の常勤監査役が存在しなければなりません。

監査役会の権限

監査役会の権限として、監査の方針、株式会社の業務・財産の状況を調査する方法など、監査役の職務執行に関する事項について決定することや、監査報告を作成することが挙げられます。監査報告とは、監査の方法・内容や、それらに対する監査役の意見を記載した書類です。監査報告は監査役が作成するのが原則ですが、監査役会設置会社においては、各監査役の報告内容に基づいて監査役会が監査報告を作成することになります。

注意しなければならないのは、監査役には独任制の原則が認められている点です。独任制の原則とは、監査役が複数名選任されていても、

● 監査役会

監査役会を設置する株式会社	取締役会設置会社であれば、監査役会を設置することが可能
	大会社かつ公開会社で、指名委員会等設置会社や監査等委員会設置会社以外の株式会社は、必ず設置しなければならない
員　数	３名以上の監査役により構成 ⇒半数以上は社外監査役でなければならない
	１名以上は常勤監査役が存在しなければならない
権　限	監査役の職務執行に関する事項についての決定
	監査報告の作成
	監査役に対して職務執行についての報告を求める
	常勤監査役選定や解職に関する事項の決定

各監査役が単独で権限を行使することができるという原則です。具体的には、ある監査役が反対している場合であっても、他の監査役は、単独で株式会社の業務・財産状況を調査するなどの権限を行使することができます。監査役会設置会社においても、独任制の原則が維持されていますので、監査役会が個々の監査役による権限の行使を妨げることはできません。ただし、監査役会が、個々の監査役に対して、その職務執行の状況について報告を求めることは可能で、報告を求められた監査役は、監査役会において報告義務を負います。また、監査役会の内部的事項に関する権限として、常勤監査役の選定や解職に関する事項を決定する権限が認められています。

監査役会の招集・決議

監査役会は、構成員である各監査役の招集に基づいて運営されます。監査役会における決議は、出席者の過半数の賛成による取締役会の決議とは異なり、全監査役の過半数の賛成が必要です。また、取締役会の場合と同様に、議事録の作成義務があります。

10 会計監査人

会計監査人とは

会計監査人とは、株式会社の会計が適正に行われているかを監査する機関です。会計監査人を設置するか否かは、原則として自由で、定款の定めにより会計監査人の設置が可能です。ただし、指名委員会等設置会社や監査等委員会設置会社以外の監査役を設置していない株式会社では、会計監査人を設置できません。一方、大会社、指名委員会等設置会社、監査等委員会設置会社では、必ず会計監査人を設置しなければなりません。

会計監査人は、株主総会の普通決議で選任します。会計監査人に就任することができるのは、公認会計士もしくは監査法人に限定されています。公認会計士自身やその配偶者が、株式会社やその子会社から、会計についての監査業務以外のコンサルタント業務などを引き受けて継続的に報酬を受けている場合は、その株式会社の会計監査人に就任することができません。

会計監査人の任期は１年（選任後１年以内に終了する事業年度のうち最終のものに関する定時株主総会終了時まで）ですが、定時株主総会において再任しないとの決議が成立しない限り、自動的に再任されます。なお、任期途中に株主総会の普通決議によって解任される可能性はあります。

会計監査人の権限・責任

会計監査人は、株式会社が事業年度ごとに作成する計算書類などについて監査を行い、その結果について会計監査報告を作成する義務を負っています。そのため、職務執行に必要な会計帳簿やこれに関する

● 会計監査人

会計監査人を設置する株式会社	（原則）定款により会計監査人を設置することが可能
	監査役、監査等委員会、監査委員会を設置していない株式会社では、会計監査人を設置することはできない
	大会社、指名委員会等設置会社、監査等委員会設置会社は、必ず会計監査人を設置しなければならない
任期	１年（定時株主総会において再任しないという内容の決議が成立しない限り自動的に再任される）
	株主総会の普通決議によって解任される場合がある
権限・責任	事業年度ごとに作成される計算書類などについての監査⇒結果について会計監査報告を作成しなければならない
	取締役などに対する会計帳簿やこれに関する資料の閲覧・謄写の請求
	取締役などに対する株式会社やその子会社の会計に関する報告の求めや業務・財産の状況の調査
	取締役などの違法行為・不正行為を発見した場合、監査機関に対する報告義務
	株式会社に対する任務懈怠責任などを負う

資料について、取締役などに対して閲覧・謄写を請求する権限を持っています。必要に応じて取締役などに対して株式会社やその子会社の会計に関する報告を求めたり、業務・財産の状況を調査する権限も持っています。その他、計算書類などの法令・定款への適合性について、監査役などの監査機関と意見が異なるときは、定時株主総会に出席して意見を述べることができます。

また、会計監査人が職務執行にあたり、取締役などの不正行為や法令・定款への違反行為を発見した場合には、その事実を監査役などの監査機関に対して報告しなければなりません。

会計監査人も取締役と同様、株式会社に対して任務懈怠責任を負うことがあります。また、会計監査人が職務を行うについて悪意（知りながら）・重過失があるときは、これにより損害を受けた第三者に対して損害賠償責任を負うこともあります。

Q　会計参与とはどんな機関なのでしょうか。権限や責任についても教えてください。

会計参与は、取締役と共同して、計算書類などの作成を行う機関です。

会計参与とは、取締役と共同して、株式会社に関する計算書類などを作成する機関です。会計参与の設置は、原則として任意ですが、非公開会社である取締役会設置会社において監査役を置かない場合には、指名委員会等設置会社もしくは監査等委員会設置会社を除いて、会計参与を設置しなければなりません。

会計参与が作成する計算書類は、貸借対照表、損益計算書、株主資本等変動計算書、個別注記表です。計算書類などの作成とともに会計参与報告も作成します。任期は原則２年で、株主総会の普通決議で選任・解任されます。会計参与に就任できるのは、公認会計士、監査法人、税理士、税理士法人のみです。株式会社やその子会社の取締役、監査役、執行役、従業員（使用人）は会計参与になることができません。

会計参与は、計算書類などを適切に作成するために、取締役などに対して、会計帳簿やこれに関する資料の閲覧や謄写を請求できます。また、会計参与が職務を執行する中で、取締役などによる法令・定款に違反する行為（違法行為）や不正行為を発見した場合には、監査役などの監査機関に対して報告する義務を負います。監査機関がない場合は株主に報告します。

取締役会設置会社における会計参与は、計算書類などの承認に関する取締役会に出席しなければならず、必要に応じて、取締役会において意見を述べなければなりません。計算書類などの作成にあたり、取締役などと意見が異なる場合には、株主総会で意見を述べることができます。

執行役員と呼ばれる役職が置かれている株式会社がありますが、これは執行役とは異なるのでしょうか。

執行役は、会社法に基づき、指名委員会等設置会社に設置される機関ですが、執行役員は会社法上の機関ではありません。

通常の株式会社において、日常的な事業運営を担うのは代表取締役などの業務執行取締役であり、代表取締役が株式会社の代表権を持ちます。これに対して、指名委員会等設置会社においては、業務執行を担う機関として**執行役**（取締役以外の者が就任することも可能）を必ず設置しなければなりません。この執行役の中から株式会社の代表権を持つ者として代表執行役を選定します。

執行役は、取締役会により選任され、指名委員会等設置会社において業務を執行する権限が与えられています。株式会社の業務執行に関して、取締役会から委任された事項についての意思決定権限も認められています。

これに対して、株式会社の中には**執行役員**と呼ばれる役職が置かれている場合があります。執行役員とは、株式会社が任意に置くことができる役職であり、一般に取締役以外で一定の範囲の業務を統括する従業員が選任されますが、取締役が兼務することもあります。執行役員は、会社法に規定された株式会社の機関ではありません。会社法上の機関である「役員等」は、取締役、監査役、会計参与、執行役、会計監査人を指し、取締役を兼務しない執行役員は、業務執行に関する意思決定に参画する権限はありません。株式会社は、任意に執行役員を選任することが可能であり、執行役員の選任について株主総会や取締役会などの決議により承認を受ける必要はありません。

11 指名委員会等設置会社

指名委員会等設置会社とは

指名委員会等設置会社とは、指名委員会、監査委員会、報酬委員会という３つの委員会（指名委員会等）を置く株式会社です。各委員会の委員は、取締役会において、取締役の中から選定されます。委員の解職も取締役会において行われます。

指名委員会等設置会社には執行役が置かれ、執行役に業務執行権が与えられます。執行役が実際の事業運営を担い、取締役会や各委員会が執行役の職務執行を監督することになります。

指名委員会等の権限と責任

指名委員会等は、取締役の中から選ばれた３名以上の委員で構成され、委員の過半数は社外取締役であることが必要です。同じ取締役が複数の委員会の委員を兼ねることもできます。各委員会は、経営陣と株式会社との利害が衝突しやすい場面で機能することが想定されており、経営陣を適切に監督することが求められます。指名委員会等は、以下のような権限を持っています。

①　指名委員会

指名委員会は、株主総会に提出する取締役・会計参与の選任・解任に関する議案の内容の決定権限を持ちます。経営陣が自らを監督する取締役の候補者を選ぶのではなく、社外取締役が過半数を占める指名委員会が取締役の候補者を選ぶことで、取締役会による監督機能を実効性のあるものにすることが期待されます。

②　監査委員会

監査委員会は、執行役、取締役、会計参与の職務執行を監査し、事

● 指名委員会等設置会社の各委員会

指名委員会等

指名委員会

株主総会に提出する取締役・会計参与の選任・解任に関する議案の内容を決定する権限をもつ

監査委員会

・執行役・取締役・会計参与の職務執行を監査し、事業年度ごとに監査報告を作成する権限をもつ
・株主総会に提出する会計監査人の選任・解任や再任拒否に関する議案の内容を決定する権限をもつ

報酬委員会

執行役・取締役・会計参与の個人別の報酬等の内容を決定する権限をもつ

業年度ごとに監査報告を作成する権限の他、株主総会に提出する会計監査人の選任・解任や再任拒否に関する議案の内容を決定する権限を持ちます。監査する者とされる者が同一人物となると監査の実効性に疑念が生じる点から、監査委員は、株式会社の執行役、使用人（従業員)、会計参与との兼務や、その子会社の業務執行取締役、執行役、使用人、会計参与との兼務ができません。

各監査委員は、執行役、取締役、会計参与、使用人に対して、職務執行に関する事項の報告を求めることができる他、業務・財産の状況の調査ができます。また、執行役や取締役に不正行為や法令・定款に違反する行為があると認めるときは、取締役会に報告する義務を負います。執行役や取締役が違法行為などをしているか、そのおそれがある場合で、株式会社に著しい損害が生ずるおそれがあると認めれば、その行為の差止請求ができます。

③　報酬委員会

報酬委員会は、執行役、取締役、会計参与の個人別の報酬等の内容を決定する権限を持ちます。報酬等の決定には、経営戦略的な判断が必要になる一方で、経営陣が自ら決定するとお手盛りの危険もあるた

め、社外取締役が過半数である報酬委員会による中立的な判断に委ねることになっています。

指名委員会等設置会社における取締役・取締役会

指名委員会等設置会社では、取締役会が選任する執行役が、取締役に代わって業務執行を行います。指名委員会等設置会社の取締役は、通常の株式会社と異なり、原則として業務執行をする権限を持ちません。ただし、取締役と使用人との兼務は禁止されているものの、取締役が執行役を兼務することは可能です。

指名委員会等設置会社の取締役は、通常の株式会社と同じく、株主総会の決議によって選任・解任されます。ただし、取締役の選任・解任の議案は、取締役会ではなく指名委員会が決定することになります。

指名委員会等設置会社の取締役会は、株式会社の業務執行に関する意思決定を行い、執行役の職務執行を監督する権限を有します。また、執行役の選任・解任、各委員会の委員の選定・解職、代表執行役の選定・解職を行う権限も有します。

執行役の権限と責任

指名委員会等設置会社においては、１人以上の執行役を置かなければならず、執行役に業務執行権が与えられます。執行役は取締役会によって選任され、任期は１年です。通常の株式会社において業務執行を行う取締役の任期は原則２年ですが、指名委員会等設置会社の場合は、執行役の職務執行に対する監督を重視するために、その任期を１年に限定して、毎年取締役会の信任を要するとしています。

執行役は、指名委員会等設置会社の業務執行の他、取締役会から委任された事項に関する意思決定も行います。執行役が２人以上いる場合には、取締役会決議によって１人または複数の**代表執行役**を選定しなければなりません。代表執行役は、代表取締役と同じく、株式会社

● 指名委員会等設置会社における取締役会など

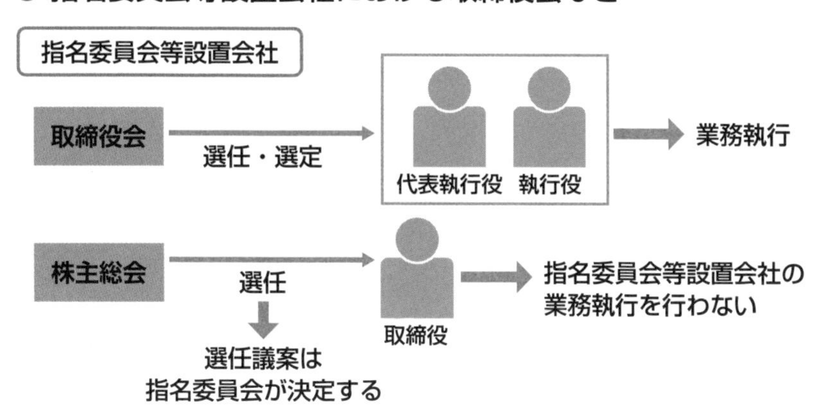

の業務に関する一切の裁判上・裁判外の行為をする権限（代表権）を持っています。そのため、指名委員会等設置会社では代表取締役を選定しません。

執行役は、3か月に1回以上、自己の職務執行の状況を取締役会に報告しなければなりません。執行役は取締役を兼務していなくても、一定の手続きを経ることにより取締役会を招集することができます。取締役会の招集権は、執行役が職務執行にあたって取締役会決議が必要となる場合に備えて認められたものです。

執行役と指名委員会等設置会社との関係は、取締役と同様、委任関係となります。そのため、執行役は職務執行に関し、株式会社に対して善管注意義務や忠実義務を負います。また、競業取引や利益相反取引についても取締役と同様の規制を受け、これらの取引をする場合は、あらかじめ取締役会の承認が必要です。

執行役は株式会社に対して善管注意義務や忠実義務を負っているため、執行役が任務を怠って株式会社に損害を与えた場合は、その損害を賠償する責任を負います（任務懈怠責任）。さらに、執行役が職務を行うについて悪意（知りながら）・重過失があり、それによって第三者が損害を受けた場合には、第三者に対して損害賠償責任を負います。

12 監査等委員会設置会社

監査等委員会設置会社とは

監査等委員会設置会社とは、監査等委員会を置く株式会社です。監査等委員会設置会社は取締役会設置会社ですが、監査役は置かず、株主総会で監査等委員として選任された取締役が監査等委員会を組織し、取締役や会計参与の職務執行を監査します。

監査等委員会は、取締役３名以上からなる監査等委員により構成され、そのうち過半数は社外取締役でなければなりません。株式会社から独立した社外取締役を含めた監査等委員会が、経営陣に対する監査を適正に行うことが期待されています。

監査等委員は、取締役の職務執行の監査などを行うという職務の特殊性と、そのための地位の独立性を確保するために、特別のしくみが設けられています。

まず、監査等委員である取締役は、それ以外の取締役と区別して株主総会によって選任されます。地位の独立性を確保するためには、監査等委員会が自らの人事に対して主導権を持つ必要があるため、監査等委員会は、取締役に対し、監査等委員である取締役の選任を株主総会の議題とすることや、監査等委員である取締役の選任に関する議案の提出を請求することができます。

次に、監査等委員以外の取締役が、自分に都合のよい人材を監査等委員に選任しようとすることを防ぐために、取締役が監査等委員の選任に関する議案を株主総会に提出するときは、監査等委員会の同意を得なければなりません。

監査等委員である取締役を解任するためには、株主総会の特別決議を要求しており、その職務の重要性を考慮して監査等委員の地位の独

● 監査等委員会設置会社

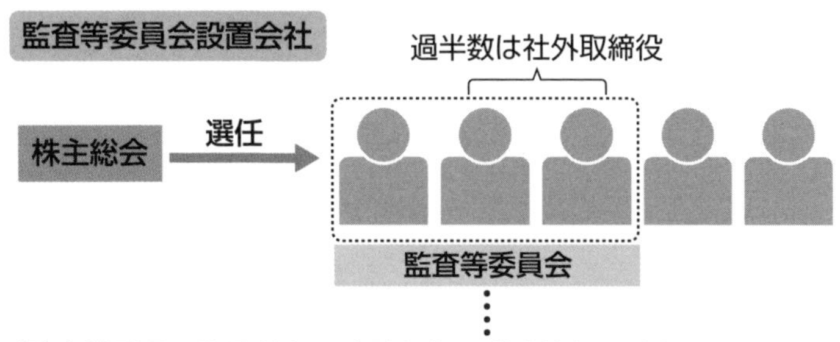

立性を保護しています。また、監査等委員は、監査等委員である取締役の選任や解任・辞任に関して、株主総会において意見を述べることができます。

監査等委員の職務権限

監査等委員会を構成する監査等委員の職務権限は、①取締役と会計参与の職務執行の監査と、②取締役や会計参与の人事や取締役の報酬に関する職務とに分けられます。

①について、監査等委員は、取締役や会計参与の職務執行を監査し、事業年度ごとに監査報告を作成します。この職務を果たすため、監査等委員には、株式会社やその子会社の業務・財産の調査権限、法令・定款違反などの事実に関する取締役会への報告義務、法令・定款違反の議案などに関する株主総会に対する報告義務、取締役の違法行為の差止めを求める権限があります。

②について、監査等委員会が選定した監査等委員は、監査等委員以外の取締役の選任、解任、再任拒否、報酬等について意見陳述ができます。取締役の人事や報酬の決定に関与することで、経営陣に対する監督機能の強化が図られます。その他、会計監査人の選任・解任・再任拒否の議案の決定権限があります。

13 社外取締役・社外監査役

社外取締役はなぜ必要なのか

社外取締役とは、株式会社の取締役であって、自己の所属する株式会社（自社）の業務執行をせず、自社やその親会社、子会社、経営陣などとの間に一定の利害関係を持たない者のことです。

取締役会設置会社における取締役は、取締役会の構成員として、代表取締役などの職務執行を監督する役割を担っています。しかし、取締役の全員が会社内部の人間から選ばれると、代表取締役や取締役の相互間において馴れ合いが生じ、本来の役割をまっとうできない可能性があります。そこで、株式会社の経営陣と一定の距離を持つ者を社外取締役として選任することで、独立した立場で経営陣を監督することが期待できます。

社外取締役の社外性を担保するため、社外取締役となることができる資格は、次のすべての要件を充たす者に限定されています。

・自社の業務執行取締役等（業務執行取締役、執行役、支配人その他の使用人）ではなく、かつ、就任前10年間、自社の業務執行取締役等であったことがないこと
・自社の子会社の業務執行取締役等ではなく、かつ、就任前10年間、自社の子会社の業務執行取締役等であったことがないこと
・就任前10年間、自社やその子会社の取締役、会計参与、監査役であったことがある者は、それらの就任前10年間、自社やその子会社の業務執行取締役等であったことがないこと
・現在、自社の支配株主や、自社の親会社の取締役、執行役、支配人その他の使用人でないこと
・現在、自社の兄弟会社の業務執行取締役等でないこと

● 社外取締役の設置義務がある株式会社

社外取締役の 設置義務がある株式会社	人数などの規制
①監査等委員会設置会社・指名委員会等設置会社の場合	各委員会の委員の過半数を社外取締役とする必要がある
②特別取締役を選任する場合	・特別取締役を選任する場合は、必ず３人以上選任しなければならない ・６人以上の取締役のうち、１人以上を社外取締役とする必要がある
③上場会社等	上場会社等（公開会社かつ大会社である監査役会設置会社であって、その発行する株式について有価証券報告書の提出義務を負う会社）は一律に社外取締役を設置しなければならない

・現在、自社の取締役、執行役、支配人その他の重要な使用人、支配株主の配偶者や２親等内の親族でないこと

これらのうち、「兄弟会社」とは、同じ親会社を持つ株式会社のことを指します。たとえば、親会社Ａの子会社としてＢ社とＣ社がある場合には、Ｂ社から見てＣ社が、Ｃ社から見てＢ社が、それぞれ兄弟会社にあたります。

なお、令和元年成立の会社法改正で、株式会社と取締役との利益が相反する状況がある場合などにおいて、取締役会が社外取締役に委託した業務については、社外取締役がその業務を執行しても社外性を失わないとしました。

社外取締役を設置する義務がある会社

会社法上、以下の場合は社外取締役を置かなければなりません。

①　監査等委員会設置会社や指名委員会等設置会社の場合

監査等委員会設置会社や指名委員会等設置会社では、各委員会の委員の過半数を社外取締役とする必要があります。

②　特別取締役を選任する場合

特別取締役とは、６人以上の取締役が選任されている取締役会設置会社で、取締役会で決議すべき一定の事項について、取締役会から決議を委ねられた取締役のことです。特別取締役を選定する場合は、必ず３人以上を選定しなければならず、６人以上の取締役のうち１人以上を社外取締役とする必要があります。

③　上場会社等

令和元年成立の会社法改正により、大会社かつ公開会社である監査役会設置会社であって、金融商品取引法に基づいて発行株式について有価証券報告書の提出義務のあるものは、一律に社外取締役を置かなければならないとされました。

社外監査役はなぜ必要なのか

社外監査役とは、株式会社の監査役であって、自社やその親会社、子会社、経営陣との間に一定の利害関係を持たない者のことです。自社と一定の利害関係を持たない独立性の高い者を社外監査役とすることで、株式会社に対する監査機能を高めることが期待されます。

そこで、社外監査役の社外性を担保するため、社外取締役に準じて、社外監査役となることができる資格は、次のすべての要件を充たす者に限定されます。社外取締役との大きな違いは、就任前10年間、業務執行取締役等でない取締役や会計参与であったこともないことが含まれている点です。

・現在、自社の取締役、会計参与、執行役、支配人その他の使用人ではなく、かつ、就任前10年間、自社の取締役、会計参与、執行役、支配人その他の使用人であったことがないこと
・現在、自社の子会社の取締役、会計参与、執行役、支配人その他の使用人ではなく、かつ、就任前10年間、自社の子会社の取締役、会計参与、執行役、支配人その他の使用人であったことがないこと

● 社外監査役の設置義務がある株式会社

社外監査役の設置義務がある株式会社	人数などの規制
監査役会設置会社	監査役を３人以上置かなければならず、そのうち半数以上は社外監査役でなければならない
大会社（資本金５億円以上もしくは負債200億円以上の株式会社）かつ公開会社であって、指名委員会等設置会社でも監査等委員会設置会社でもない株式会社	監査役会を置かなければならない ⇒半数以上の社外監査役を置くことが必要

・就任前10年間、自社やその子会社の監査役であったことがある者は、その就任前10年間、自社やその子会社の取締役、会計参与、執行役、支配人その他の使用人であったことがないこと
・現在、自社の支配株主や、自社の親会社の取締役、監査役、執行役、支配人その他の使用人でないこと
・現在、自社の兄弟会社の業務執行取締役等でないこと
・現在、自社の取締役、支配人その他の重要な使用人、支配株主の配偶者や２親等内の親族でないこと

社外監査役を設置する義務がある会社

監査役会設置会社では、監査役を３人以上置かなければならず、そのうち半数以上は社外監査役でなければなりません。

大会社かつ公開会社であって、指名委員会等設置会社でも監査等委員会設置会社でもない株式会社は、監査役会を置かなければなりません。そのため、大会社かつ公開会社においては、監査役会を設置して半数以上の社外監査役を置くか、社外監査役を置かずに過半数の社外取締役を各委員会の委員とする指名委員会等もしくは監査等委員会を設置するかを検討する必要があります。

14 一時取締役と職務代行者

一時取締役とは

一時役員とは、株式会社の役員（取締役、監査役、会計参与）に欠員が生じた場合に、裁判所の選任によって、一時的に役員としての職務を行う者の総称です。ここでは、一時役員のうちの一時取締役を中心に説明します。

一時取締役とは、唯一の取締役が死亡した場合など、裁判所が必要と認めた場合に、一時的に取締役としての職務を行うことができる者をいいます。一時取締役の選任を裁判所に対して請求することができるのは、株式会社に利害関係を持つ者です。

本来であれば、取締役の辞任や退任などにより、取締役が存在しない状況になっても、後任者が決定するまでの間は、前任者が引き続き取締役としての権利義務を持ちます。しかし、1名しかいない取締役が死亡したり、後見開始の審判を受けたり（これにより委任関係が終了して取締役を退任します）したような場合には、一時的であっても、取締役としての業務を行う者がいなくなってしまい、株式会社の事業運営に支障をきたすおそれがあります。そこで、裁判所に一時取締役を選任してもらうことで、後任者が決定して欠員が補充されるまでの間、取締役としての職務を行うことが可能になります。

監査役については、取締役の場合と同様、必要に応じて、裁判所に対して一時監査役の選任を求めることができます。

会計監査人についても、一時会計監査人を選任することができる場合があります。一時会計監査人とは、前任者が死亡するなどした場合に、暫定的に会計監査人としての職務を行う者を指します。ただし、一時取締役や一時監査役とは異なり、裁判所に対して選任を請求する

● 一時取締役

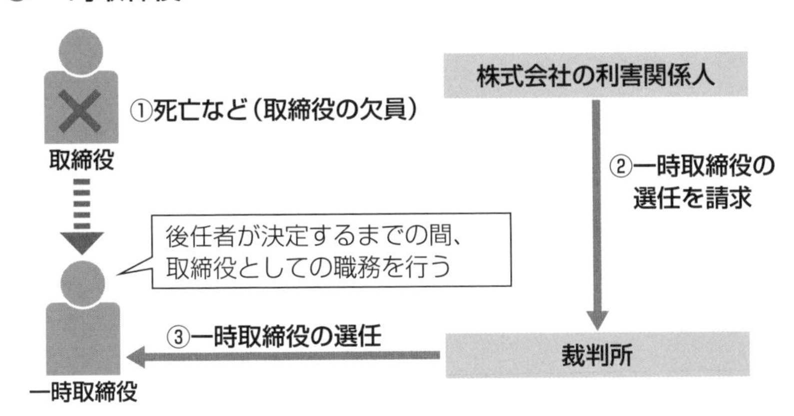

のではなく、監査役などの監査機関が選任することになります。

なお、株式会社において、役員の欠員が生じた場合に備えてあらかじめ補欠役員を選任しておくことがあります（⇨ P.88）。役員に欠員が生じた場合に、裁判所において事後的に選任する一時役員とは異なりますので、混同しないよう注意が必要です。

職務代行者とは

職務代行者とは、取締役として登記された者の取締役の地位が争われている場合に、取締役として登記された者以外の者に取締役の職務を行わせるために選任される者を指します。

職務代行者の選任は、裁判所に対して取締役の地位を争う訴えを提起する際に、仮の地位を定める仮処分として、その取締役の職務執行の停止とともに、代わりに職務代行者の選任を請求するという方法で行われます。職務代行者には、通常は弁護士などが選任されます。職務代行者は、株式会社の日常的な業務を行うことが認められます。しかし、臨時株主総会の招集など、日常的な業務に属さない行為を行うには、裁判所の許可が必要です。

Column

コンプライアンスと会社法との関係

コンプライアンス（compliance）は、日本語に訳して「法令遵守」とも呼ばれます。ここでの「法令」には、会社法の他に株式会社が従うべき規定が広く含まれます。株式会社は、利益を追求する営利性を持ちますが、社会全体の利益を犠牲にすることは許されず、株式会社の行き過ぎた利益の追求などを抑制するために、コンプライアンスは重要な課題となっています。

たとえば、会社法が規定する取締役の忠実義務には、その内容のひとつとして法令遵守義務が含まれています。取締役が負う法令遵守義務は、直接的には、株式会社ひいては株主の利益を侵害して、自己の利益を追求するような行為を禁止する役割があります。また、取締役の行為が株式会社ひいては株主に利益をもたらすものであっても、その行為が法令や定款に違反して、社会全体に不利益をもたらすものである場合には、コンプライアンスの考え方に従い、そのような取締役の行為は許されません。

取締役会設置会社においては、取締役会は、取締役の職務執行が法令や定款に違反していないかを監視・監督する権限を持ちます。したがって、取締役会設置会社では、取締役会による監視・監督を通じて、取締役のコンプライアンスが担保されているといえます。また、内部統制システムの整備には、社内のコンプライアンス体制の構築も含まれます。

なお、取締役が自ら法令違反行為を行った場合や会社に法令違反行為をさせた場合の他、監視義務に違反して法令違反行為を見過ごした場合には、任務懈怠責任（⇨ P.70）を負う可能性があります。

第５章

株式とその他の関連知識

1 株　　式

株式とは

株式とは、割合的に細分化した株式会社における社員の地位のことです。そして、株式を保有している者は株主と呼ばれます。たとえば、ある株式会社の発行済株式総数が1000株である場合に、100株を保有している株主Aは、原則として、株式会社に対して10%の持分を持っていることになります。

株主は、株式会社の事業運営により得られた収益から、その保有する株式の持分比率に応じて、利益の分配（剰余金の配当）を受けることが可能です。また、株式会社の最高意思決定機関である株主総会において、株主は、原則として、持株数に応じて議決権を行使することが可能です（一株一議決権の原則)。このように、株主が株式会社に対して有する権利の割合や個数が、持分比率や持株数によって目に見える形で表すことができる、という点に株式のメリットがあります。

また、株式が細分化した割合の形式で単位化されているのには、より多くの出資者を募る目的があります。一定以上の規模を持った株式会社を設立する場合、１人の出資者によって設立するとなると、その出資者が多額の出資をしなければならず、経済的負担が大きくなります。しかし、株式会社においては、設立時の発行株式数を多くすれば、１株あたりの出資額は少額になりますので、少額の出資でも株式を取得することができ、より多くの出資者を募ることができるという利点があります。その結果として、個々の株主の経済的負担を小さくしつつも、規模の大きな株式会社を設立することが可能になります。

● 株式と株券

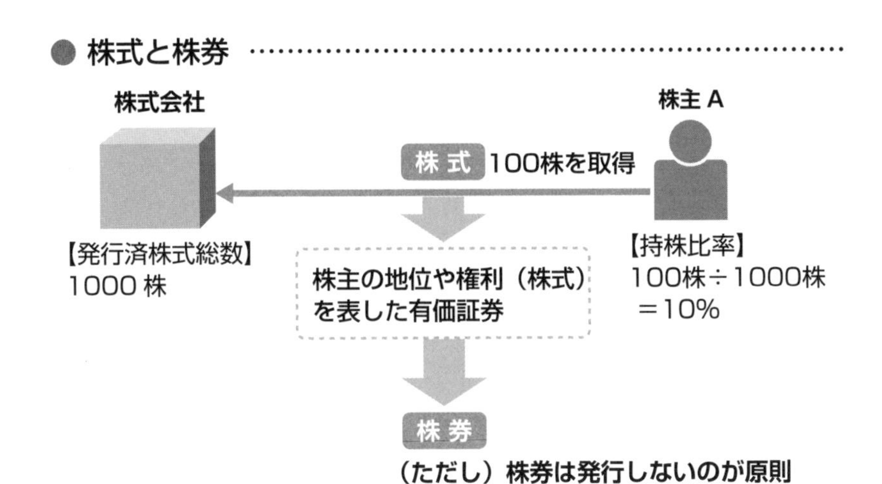

株券とは

株券とは、株式会社の社員としての地位である株式を表すための有価証券です。

会社法では、株券を発行しないのが原則で、定款で定めた場合に株券を発行できるという制度設計をとっています。定款の定めで株券を発行することを決めた株式会社（株券発行会社）は、株式を発行した日以後、滞りなく株券を発行しなければなりません。株券には、株式会社の商号、株式の数、種類などが記載されますが、株主の氏名の記載は必須ではありません。株券を発行する会社では、株主が株式を譲渡する場合、株券を交付しなければ、譲渡の効力が生じません。また、上場会社は株券を発行しません。

株式にはどんな種類があるのか

原則として、株式会社が発行する株式の内容は均一であることが必要です。ただし、定款の定めで、内容の異なる複数の種類の株式を発行することが認められています（種類株式）。

2 種類株式

種類株式発行の目的

一口に株主といっても、株式を保有する目的はさまざまです。たとえば、議決権を行使して会社経営に参加することに関心はなく、配当金（剰余金の配当）をもらうことだけに関心がある株主もいるでしょう。また、株式会社にも、株式発行についてさまざまな方針があります。たとえば、出資を募りたいが少数株主にあまり経営に口を出してほしくないと考えれば、配当金は多くもらいたいが、議決権は行使しなくてもよいという人に株主になってもらいたいでしょう。この場合は、「議決権は制限されているが、配当金は多くもらえる」という内容の株式を発行できれば、株式会社の資金調達もはかどります。

したがって、できるだけ株式会社の自由な経営を認める観点からは、どのような内容の株式を発行するかは、株式会社自身に決定させた方がよいことになります。しかし、どのような内容の株式であっても発行してかまわないとすると、さまざまな混乱が予想されます。そこで、会社法は、後述する①～⑨の事項についてのみ、内容の異なる２つ以上の種類の株式を発行してよいことにしました。この場合に発行される２種類以上の株式のことを**種類株式**といいます。

なお、株主平等原則により、株式会社は、株主を平等に扱わなければなりません。これは株主が保有する株式の種類や数に応じて平等に取り扱わなければならないということであって、内容が異なる株式を発行すること自体は株主平等原則に反しません。もちろん、同じ種類の株式を保有する株主に対しては、平等の取扱いをしなければなりません。

● 種類株式の活用例（優先株）

【原則】株主は株主総会における議決権などが認められる

（しかし）株式会社の経営に関心がない株主
∴議決権はいらないから、配当金を多くもらいたい

議決権制限付き優先株式

他の種類の株式より配当金を多く受け取れるが
議決権は制限する種類株式
⇒株主は議決権の行使を制限されるが配当金は
多くもらえる

種類株式の内容についての定款の定め

株式会社が種類株式を発行するには、定款の定めによって、発行する株式の内容を定める必要があります。異なる取扱いができる事項の内容は、①剰余金配当、②残余財産分配、③議決権制限、④株式譲渡制限、⑤取得請求権、⑥取得条項、⑦全部取得条項、⑧拒否権、⑨取締役・監査役の選任権の９種類です。

①剰余金配当に関する種類株式、②残余財産分配に関する種類株式は、剰余金の配当や残余財産の分配について、他の種類の株式と異なった取扱いを行う種類株式のことです。剰余金の配当や残余財産の分配を優先的に受ける株式を**優先株**、劣後する株式を**劣後株**、優先株や劣後株にあたらない株式を**普通株**と呼びます。優先株は議決権制限株式と組み合わせることで、配当金は多くもらいたいが、議決権は行使しなくてもよいという投資家に適した種類株式です。

③議決権制限に関する種類株式（議決権制限株式）は、議決権を行使できる事項の全部あるいは一部について制限がある種類株式です。公開会社では、議決権制限株式を発行済株式総数の２分の１以下にする措置を講じることが義務付けられています。

④譲渡制限のある種類株式は、株式の譲渡が制限されている種類株

式です。

⑤取得請求権のある種類株式（取得請求権付株式）は、株主が株式会社に対して、その保有する株式の買取りを請求できる種類株式です。本来、株式は払戻しされないもので、投下資本を回収するためには株式を譲渡する必要があります。しかし、取得請求権付株式は、最終的に株式会社が買取りを保証することになりますので、投資家にとっては出資がしやすくなるといえます。

⑥取得条項のある種類株式（取得条項付株式）は、一定の事由がある場合に、株式会社が株主から、その保有する株式を取得できる種類株式です。一定の事由については柔軟に定めることができます。たとえば、株式会社の後継者候補が複数いる場合、各候補に取得条項付株式を発行しておき、後継者が決まった段階で、株式会社が他の候補から取得条項に基づいて強制的に株式を取得することができます。

⑦全部取得条項のある種類株式（全部取得条項付株式）は、株主総会の特別決議によって、株式会社がその種類の株式のすべてを取得することが認められた種類株式です。事業再生の場面では、既存株主に退出してもらい、新たなスポンサーに株式を発行することがありますが、その際、既存株主退出のために100％減資が行われることがあります。発行済みの株式を全部取得条項付株式に転換すれば、全部取得条項に基づいて株式会社が株式を取得し、100％減資を実現できます。

⑧拒否権のある種類株式（拒否権付株式）は、株主総会や取締役会の決議事項の全部あるいは一部について、これらの決議の他に、その種類の株主で構成される株主総会（種類株主総会）の決議が必要になる種類株式です。一定の事項について、株主総会などの決議を阻止することができます。たとえば、社長職を後継者に譲って引退したものの、一定の影響力を及ぼしたい前社長が拒否権付株式を保有していれば、一定の事項を実行するためには前社長の同意が必要になります。

⑨取締役・監査役の選任に関する種類株式は、その種類の株主で構

● 種類株式の内容

種類株式の種類	内容など
①剰余金の配当に関する種類株式	剰余金の配当について異なった取扱いが可能
②残余財産の分配に関する種類株式	残余財産の分配について異なった取扱いが可能
③議決権を制限する種類株式	議決権を行使できる事項が制限される
④株式譲渡制限のある種類株式	株式の譲渡が制限される
⑤取得請求権のある種類株式	株主が株式会社に対して、その株式会社の株式の取得を請求できる
⑥取得条項のある種類株式	一定の場合に株式会社がその種類の株式を取得できる
⑦全部取得条項のある種類株式	一定の場合に株式会社がその種類の全部の株式を取得できる
⑧拒否権のある種類株式	株主総会などの決議事項についてこの種類株式の株主総会決議が必要になる
⑨取締役・監査役の選任に関する種類株式	種類株主総会で取締役・監査役の選任決議を行うことが可能

成される種類株主総会において、取締役などの選任についての決議を行うことができる種類株式です。この種類株式は、指名委員会等設置会社以外の非公開会社でのみ発行が可能です。

種類株主総会はどんな場合に開催されるのか

種類株主総会とは、種類株式を保有する株主によって構成される株主総会です。種類株主総会は、拒否権付株式や取締役・監査役の選任に関する種類株式を発行している場合に開催する必要があります。その他にも、株式会社が定款変更などの一定の行為により、その種類株式を保有する株主に損害を与える可能性がある場合には、種類株主総会の特別決議による承認がなければ、定款変更などの一定の行為は効力を生じません。

3 株式譲渡自由の原則と制限

株式譲渡自由の原則とは

株式譲渡自由の原則とは、株式会社の株主は、保有する株式を自由に譲渡することができるという原則です。

株主は、一定の事由に基づき、株式会社が株主の保有する株式を取得する（取得請求権付株式など）ことを除き、原則として株式会社に対して、出資の返還を求めることができません。そこで、株主が株式会社に対して投下した資本を回収できるように、株式譲渡自由の原則が認められています。

また、株式譲渡自由の原則は、株式会社の経営努力を促すことにもつながります。株式会社は、株式市場において株式の価額（株価）に基づいて企業価値（時価総額）が評価されます。企業価値の向上に資する経営を行っている株式会社については、株価が上昇傾向にあり、その株式会社の株式を保有している株主は、適切な時期に株式を譲渡することによって、投下した資本以上の利益を上げることが可能です。そのため、評価の高い株式会社には、将来的に投下した資本以上の利益を取得する目的で、多くの株主が株式会社に投資を行うため、多くの投資が集まることが期待できます。

譲渡制限ができる場合とは

株式譲渡自由の原則は、株式会社にとって不都合な場合もあります。なぜならば、自由に株式が譲渡されることによって、株式会社にとって好ましくない人物が株主になってしまう可能性が否定できないからです。そこで、株式会社は定款の定めにより株式の譲渡を制限することが認められています。

● 株式譲渡自由の原則

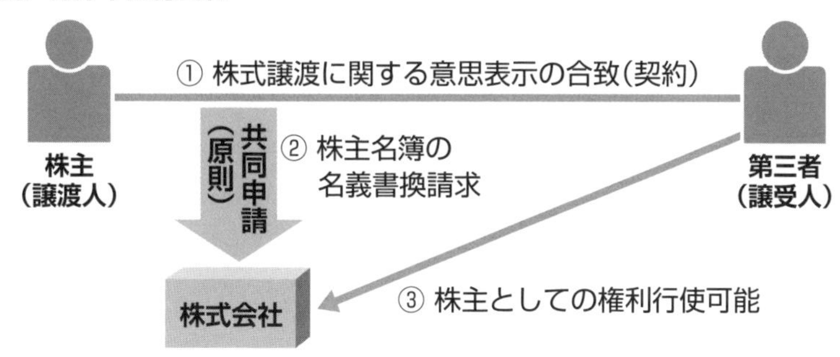

具体的には、株主が株式を譲渡する場合には、株式会社の承認を得なければならないと定款で定めることが可能です。とくに、株式が証券取引所において取引されていない非上場会社においては、その発行する株式の全部について譲渡制限が付されているケースが多く見られます。このような株式会社を非公開会社といいます。

株式の譲渡を承認するか否かについては、原則として、取締役会設置会社では取締役会が承認の決定を行い、取締役会を設置していない株式会社では株主総会が承認の決定を行います。ただし、代表取締役を承認機関とするなど、定款の定めによって、別の承認機関を定めることもできます。

定款の定めによって株式の譲渡を制限した場合には、譲渡制限について登記を行わなければなりません。また、会社法では株券不発行が原則（⇨ P.127）ですが、株券を発行する株式会社が定款によって株式の譲渡制限を行う場合には、譲渡が制限されていることについて株券に記載する必要があります。

譲渡の手続きはどのようなものか

株主が保有する株式を譲渡する場合には、当事者間においては、原則として意思表示の合致のみで効力が発生します。代表的な例としては、株式の売買契約の締結が挙げられます。しかし、当事者間で売買により株式を譲渡しても、株式会社や第三者は、そのままでは売買の事実を知ることができません。このため、株式会社が剰余金の分配を行う場合などに、不都合が生じることがあります。

そこで、会社法は、株式の譲渡を株式会社や第三者に対して主張する（対抗する）ためには、株式会社に請求して、株主名簿の名義書換えを行わなければならないと規定しています。具体的には、株式会社に対して、譲受人の氏名（法人の場合は名称）、住所を株主名簿に記載（株主名簿がPC上のデータ形式で存在する場合は、そのデータに記録）するよう求めることが必要になります。

この場合、株式の譲受人は、原則として、株式の譲渡人と共同で株主名簿の書換えを請求しなければならない点に注意が必要です。譲渡人が株主名簿の書換請求に協力しない場合には、譲受人は、譲渡人を被告として、株主名簿の名義書換請求を行うように裁判所に訴えることになります。そこで、勝訴判決を得た場合には、譲受人が単独で株式会社に対して、株主名簿の書換請求を行うことが認められます。

なお、株券発行会社については、株式の譲渡について異なった取扱いが必要になります。株券不発行会社においては、当事者間の売買契約によって株式の譲渡が有効に成立します。しかし、株券発行会社については、株式譲渡に関する売買契約の他に、株券の交付が行われなければ、株式の譲渡が有効に成立しません。そして、株券発行会社の場合は、株券の交付を受けると、第三者に対しては株式譲渡を主張することができますが、株式会社に対して株式譲渡を主張するためには、株主名簿の名義書換えが必要です。

ただし、株券発行会社の場合は、原則として、株式の譲受人が単独で、株式会社に対して名義書換えを請求できます。その際に、株式会社に対して株券を提示する必要があります。

● 譲渡制限株式の譲渡（株券不発行会社の場合）………………

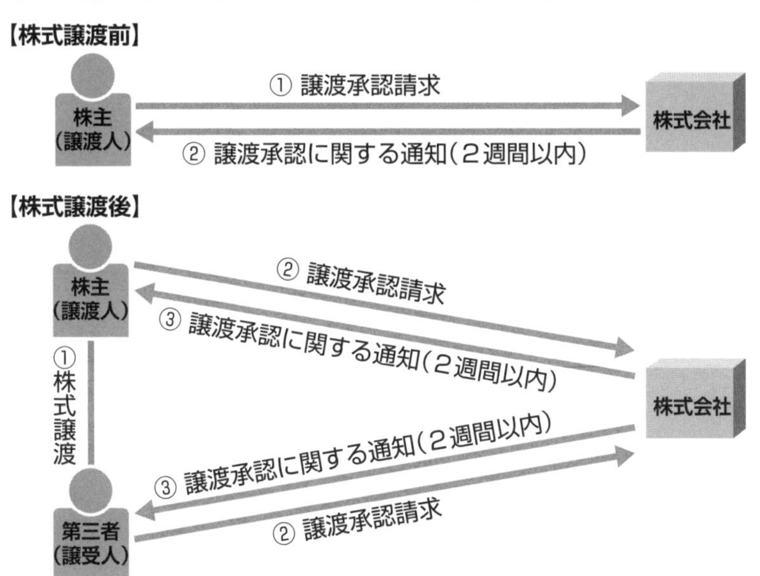

株式譲渡承認の手続き

株主が譲渡制限株式の譲渡を行う場合には、株式会社に対して株式譲渡を承認するか否かを決定するように請求する必要があります。株式会社は、譲渡承認請求があった日から２週間以内に、承認するか否かの通知を行わなければ、譲渡を承認したものとみなされます。株式譲渡承認の請求は、株式譲渡に先立って行われるのが通常ですが、実際に譲渡した後に株式譲渡承認の請求を行うことも可能です。株式会社による株式譲渡承認の前に株式を譲渡した場合、株式会社に対する譲渡承認請求を譲受人から請求する際には、譲渡人と共同で行う必要があります。

株式譲渡承認を請求したのに、株式会社が譲渡を承認しない場合には、譲渡承認請求をした株主は、株式会社自身が株式を買い取るか、あるいは株式の譲渡先を株式会社が指定するよう請求することができます。

4 株主名簿

株主名簿とは

株主名簿とは、株式会社が、株主や株主の持株に関する事項について明らかにする目的で、作成することが義務付けられている帳簿のことです。株式の譲渡が制限されていない限り、一般に、株式会社の承認を得ることなく、株主は株式の譲渡を行うことが可能です。そのため、株式会社が、株主に対して議決権行使の機会などを与える場合に、具体的にどの株主に対して議決権の行使を認めればよいのかを適切に把握する必要があります。株主名簿があれば、株式会社は現在の株主を把握・管理することが可能となり、変動する株主に対して、議決権をはじめ各種株主の権利行使の機会を確保できます。

株主名簿には、株主の氏名（法人の場合は名称）、住所、株主の保有株式数・株式の種類、株主が株式を取得した日などを記載する必要があります。株式会社は、株券を発行しないのが原則ですが、株券発行会社については、株主名簿に株券の番号を記載する必要があります。なお、株主名簿は書面の形式の他に、PC上のデータ形式で記録することも可能です。

株主名簿は、株式会社の本店に備え置かれ、株主や会社債権者などは、その閲覧や謄写を請求できます。また、株券を発行しない株式会社の株主は、株式会社に対して、株主名簿に記載された事項に関する書面などの交付を求めることができます。株券が発行されない株式会社の株主は、株式譲渡をする場合に、株券を用いて自己が株主であることの証明ができません。そこで、株主名簿に記載された事項に関する書面などを示すことで、株式の譲受けを希望する者に対して、自らが株主であることを証明することになります。

● 基準日制度

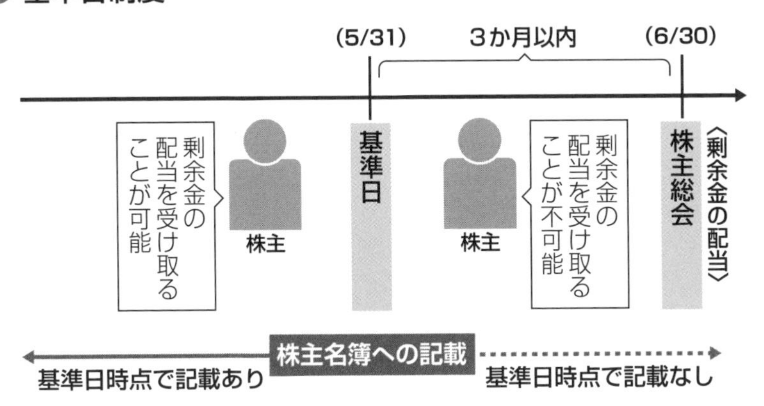

基準日制度とは

基準日制度とは、株式会社が、一定の期日（基準日）に株主名簿に記載されている者に、株主としての権利行使を認める制度です。自由な株式譲渡が認められている株式会社においては、株式の譲渡が頻繁に行われ、株主の地位が次々に移転することがあります。そのため、株式会社が剰余金の配当や株主総会の招集などを行う場合に、現時点での株主が誰であるのかを把握することが困難な場合もあります。そこで、株主の権利行使の前３か月以内の日を基準日と定めて、その期日に株主名簿に記載されている者に対して株主としての権利行使を認めることで、株式会社が、株主の存在を把握する手間を省くことが可能になります。たとえば、6月30日に開催する株主総会において、剰余金の配当に関する決議を予定している株式会社が、5月31日を基準日に定めた場合、株主総会での議決権行使や剰余金の配当を受ける権利を持つ株主は、原則として5月31日時点で株主名簿に記載されている株主に限定されます。

株式会社は、基準日を定めた場合は、定款に定めたときを除き、株主に対して、その基準日の２週間前までに、公告によって基準日を知らせなければなりません。

5 株式等振替制度

上場会社では株式等振替制度が利用されている

株式会社が株券を発行する場合には、株券が「株主の権利」という目に見えない権利を表すという役割を果たします。しかし、その一方で、株主が株券を紛失してしまう場合や、株券の発行・交付・保管などに手間や費用がかかる他、第三者に盗まれてしまうというトラブルが発生するおそれもあります。そこで、平成３年に「株券の保管及び振替に関する法律」（保振（ほふり）法）に基づく**株券等保管振替制度**が導入され、株式が証券取引所において取り扱われている株式会社（上場会社）については、口座振替により株式の譲渡を行うことが可能になりました。現在では保振法は廃止され、「社債、株式等の振替えに関する法律」に基づく株式等振替制度が導入されたことに伴い、上場会社の株券は無効となっているため、上場会社における株式の譲渡は、すべて株式等振替制度を利用して行わなければなりません。なお、株式等振替制度の導入時に上場会社の株券を証券保管振替機構に預託しておらず、株主が手元に株券を持っていた株式については、特別口座が開設され、株券が無効となった後も権利が保全されています。

株式等振替制度における保管振替機関など

株式等振替制度に参加している上場会社などの株式の譲渡は、**証券保管振替機構**（ほふり）を通じて行われます。ほふりは、日本で唯一の社債や株式等の保管業務などを行う振替機関であり、ほふりが取り扱う株式は、一般に振替株式と呼ばれています。

また、株式等振替制度を利用する場合には、証券会社などの口座管理機関に、振替株式の取引を行うための専用の口座を開設しなければ

● 株式等振替制度に基づく株式譲渡

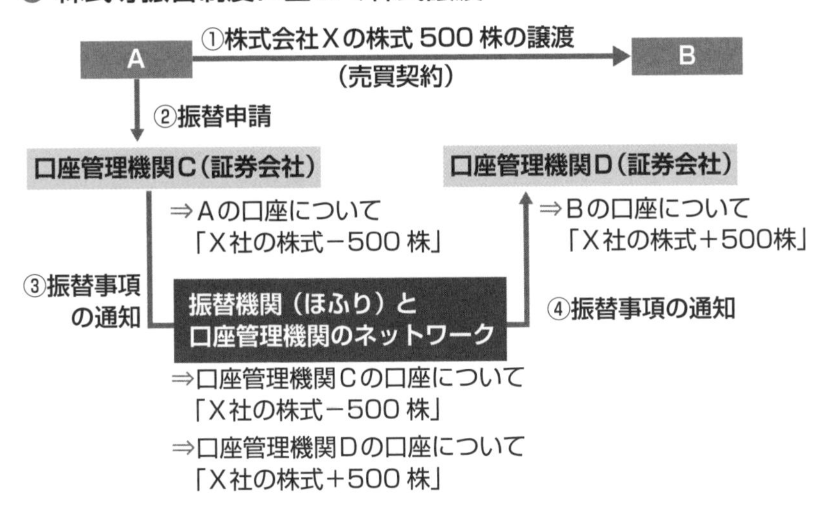

なりません。AとBとの間で、X株式会社の株式500株について、株式等振替制度による振替株式の譲渡が行われたという例で、振替株式の譲渡がどのように行われるのかを具体的に見ていきましょう。

まず、AとBとの間で、株式の譲渡に関する契約が結ばれます（通常は株式の売買契約が締結されます）。その後、Aは、自身が口座を開設している証券会社C（口座管理機関）に対して、株式の振替申請を行います。これによって、口座管理機関CにおけるAの口座（顧客口座）から、X株式会社の株式が「－500株」と処理されます。そして、CやDを含む各口座管理機関とほふりとの間のネットワークを通じて、Bが口座を開設している証券会社D（口座管理機関）にもAB間の株式譲渡の情報が伝達されます。証券会社DにBが開設する口座では、X株式会社の株式が「＋500株」と処理されます。これにより、株券の交付を行うことなく株式の譲渡が完了するというしくみになっています。また、ほふりを通じて、X株式会社の株主名簿管理人にも情報が伝達されます。

6 自己株式の取得

自己株式の取得とは

自己株式の取得とは、株式会社が、発行した株式を株主から取得することです。会社法は、株式会社が自己株式を取得すること自体を禁止していません。しかし、自己株式の取得に関して一切の規制がないと、自己株式の取得の対価によって株式会社の資産が流出し、資本の空洞化を招くなどのおそれがあります。そこで、会社法は、会社財産の維持や株主間の平等などの観点から、おもに財源と手続きという両面で自己株式の取得を規制しています。

なお、自己株式の取得には、有償取得と無償取得がありますが、ここでは有償所得について説明します。

財源規制とは、株式会社が剰余金の配当や自己株式の取得のために使う財源は、自社の分配可能額の範囲内に収まらなければならないとする規制です。自己株式の取得は、株主に対して金銭等を交付することになるため、剰余金の配当と類似性があるといえます（⇨ P.159）。したがって、会社法は、自己株式の取得ができる場合を列挙するとともに、剰余金の配当に関する規制と同様、原則として、分配可能額の範囲内でのみ自己株式の取得が許されるものとしています。ただし、合併後に消滅する会社や吸収分割をする会社からの自己株式の取得などのように、財源規制が及ばない場合もあります。

自己株式取得の手続き

会社法は、株主に平等に株式の売却機会を与えることなどを考慮して、自己株式の取得の手続きを定めています。

① 特定の株主からの取得の場合

● 自己株式の取得（すべての株主が対象となる場合）…………

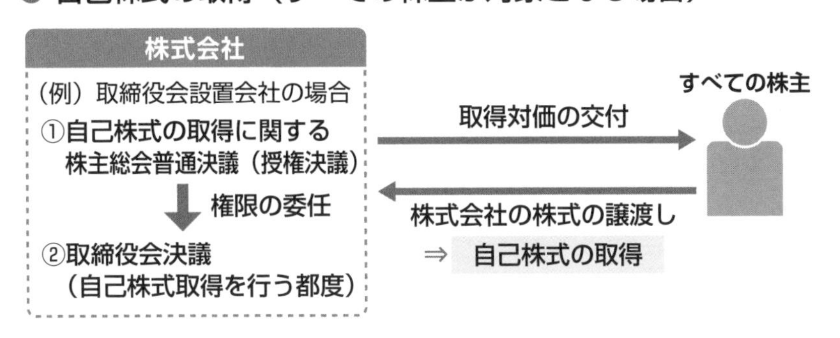

株式会社は、株主総会の特別決議（⇨ P.40）により、株式取得に関する事項（取得する株式の種類と数、取得対価の内容と総額、最長１年までの取得期間）と、特定の株主から自己株式を取得することを決定します（授権決議）。この決定にあたって、特定の株主以外の株主は、原則として、自己を特定の株主に加える議案を株主総会に提出することができます。

授権決議を受けて、株式会社は、特定の株主から自己株式を取得する都度、取得する株式の種類と数、１株あたりの取得対価、取得対価の総額、申込期日を決定し、特定の株主へ通知します。この通知を受けた特定の株主が譲渡しの申込みをすることで、株式会社は自己株式を取得します。取得する株式の種類と数などの決定は、取締役会の決議（取締役会設置会社の場合）によって行わなければなりません。

②　すべての株主が対象となる場合

株式会社は、株主総会の普通決議（⇨ P.40）により、上記の株式取得に関する事項を決定します（授権決議）。

授権決議を受けて、自己株式の取得の都度、取得する株式の種類と数、１株あたりの取得対価、取得対価の総額、申込期日を決定し、株主に対して通知します。その後、自己株式の取得に応じる株主が譲渡しの申込みをすることで、株式会社は自己株式を取得します。取得する株式の種類と数などの決定は、取締役会の決議（取締役会設置会社の場合）によって行わなければなりません。

取得する自己株式の予定数を超える譲渡しの申込みがあった場合、株式会社は、その予定数に応じて、等しい割合で自己株式を株主から譲り受けることになります（按分取得）。

財源規制や手続きの規制に反する自己株式の取得

取得財源規制や手続きの規制に反する自己株式の取得は、原則として無効であると考えられています。また、違反行為を行った取締役などに対しては、民事責任として、自己株式の取得のため支払った金銭等の帳簿価額に相当する金銭を株式会社に返還する責任、株式会社に対する損害賠償責任、第三者に対する損害賠償責任などを負う可能性があります。この他、刑事責任として、会社財産を危うくする罪に問われる可能性もあります。

自己株式の権利の制限

自己株式には、剰余金配当請求権や残余財産分配請求権といった自益権（⇨ P.34）が認められません。株主総会における議決権、株主総会に議題や議案を提案する株主提案権、議事録や計算書類を閲覧する権利といった共益権（⇨ P.34）も認められません。ただし、株式併合や株式分割が行われた際の割当てを受けることはできます。

上場会社の自己株式取得について

株式会社の自己株式取得については、資本の空洞化などの弊害を防止することを目的として、厳しい規制がありました。しかし、株式市場の需給調整やストック・オプションの付与など、さまざまな要請から、現在では、自己株式取得それ自体は禁止されていません。そのため、上場会社の間では、自己株式取得がますます盛んに行われるようになってきています。

● 上場会社における自己株式取得の手続きと効果 ……………

1. 上場会社による市場取引や公開買付けを通じた株式取得は、会社法上、株主との合意による取得に分類される。

2. 自己株式を取得するにあたっては授権決議を経ることが原則だが、上場会社の市場取引や公開買付けを通じた自己株式取得の場合、あらかじめ取締役会の決議のみによって取得できることを定款に定めておくことができる。

3. 株価指標を算出する際、株式会社が現に保有する自己株式は、発行済株式総数から除外される。このため、自己株式取得には１株あたり純利益（当期純利益 ÷ 発行済株式総数）や自己資本利益率（１株あたり利益率 ÷１株あたり株主資本）を引き上げる効果がある。

4. 市場に流通する株式数が減少すれば、配当金の負担が減る。

上場会社による自己株式取得の大部分は、株主との合意による取得にあたります。そして、上場会社は取締役会設置会社であるため、市場取引や公開買付け（⇨ P.148）を経る合意取得の場合、定款に定めることで、授権決議（⇨ P.141）を省略し、取締役会決議のみで自己株式を取得することができます。実際に、多くの上場会社の定款には、この定めがあります。そのため、上場会社では、取締役会の決定のみで自己株式取得がなされることが通常です。

自己株式取得には、投資家が重要視する株価指標である１株あたり純利益（EPS）、自己資本利益率（ROE）を押し上げる効果があることから、株価上昇につながりやすいともいわれています。そこで、株主還元策のひとつとして自己株式取得を行う上場会社が多いようです。上場会社側としても、流通する株式数が減少すれば、それだけ配当金の負担が減りますので、メリットがあります。

なお、上場会社の自己株式取得に対しては、会社法が定める財源や手続きの規制の他に、金融商品取引法が定める相場操縦禁止やインサイダー取引に関する規制などがあります。

7 株式併合

株式併合とは

株式併合とは、株式会社が複数の株式を、より少数の株式にまとめることです。たとえば、5株を1株にまとめる場合などが挙げられます。これにより、現在15株を保有する株主は、株式併合により、3株（15株÷5株＝3株）を保有することになります。他方、現在17株を保有する株主などは、株式併合により、3株の他に、1株未満の端数（17株÷5株＝3株あまり2株より、現在の2株に相当する株式が端数になる）を保有することになってしまいます。

また、株式併合とは複数の株式を1株にまとめることなので、結果として1株当たりの価値は上昇するものの、株式会社として新たな株式を発行したわけではありません。このため、株式併合には、株式会社の資産に変動を与えないという特徴があります。

なお、公開会社（⇨ P.25）では、発行可能株式総数が発行済株式総数の4倍を超えることができないので、株式併合を決定する株主総会の特別決議（⇨ P.40）の際に、株式併合の効力発生日における発行可能株式総数も決議しておく必要があります。

株式併合が行われると、1株未満の端数の株式については、株主としての権利が制限されてしまいます。このため、株式併合を行うにあたっては、株主総会の特別決議（⇨ P.40）が必要になります。株主総会では、併合の割合（5株を1株にする場合は5分の1）や株式併合の効力発生日などについて、定めなければなりません。

このように、株主の権利・利益に重大な影響を与えるおそれがある株式併合については、事前の情報開示制度が設けられています。具体的には、株式会社は、株式併合の効力発生日の2週間前までに、株主

● 株式併合

(例) 5株→1株に併合する場合

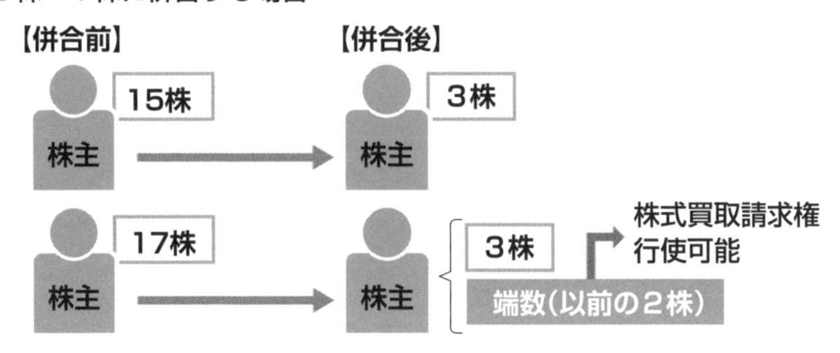

に対して、株式併合に関する株主総会の決議事項（併合の割合など）を、通知または公告しなければなりません。また、これと併せて、株式会社は、株式併合に関する事項を記載した書面またはデータを本店に備え置き、株主が閲覧できる状態にしておく必要もあります。さらに、株式会社が株式併合を行い、株式併合の効力が発生した後にも、株式併合により株主の地位を失った者などが閲覧できるように、株式併合に関する情報を書面またはデータとして本店に備え置かなければなりません（事前および事後の開示）。

その他、株式併合が法令や定款に違反し、株主が不利益を受けるおそれがある場合、株主は、効力発生日前であれば、株式併合の差止請求ができます。効力発生日後は、株主総会決議取消しの訴えを提起するなどして、株式併合の効力を争うことになります。

1株未満の端数が生じる場合の株式買取請求権

株式併合により、1株未満の端数の株式を持つことになる株主は、株式会社に対して、公正な価格により、その端数の株式を買い取るように請求することができます（端数株式の買取請求権）。端数株式の買取請求権を行使する手続きなどは、反対株主の株式買取請求（⇨ P.52）と同様の手続きをふむ必要があります。

8 株式消却・分割・無償割当て

株式消却とは

株式消却とは、株式会社が特定の株式を消滅させることです。会社法は、株式会社が自己株式の消却を行うことを認めています。株式会社が、自己株式の消却を行うと、株式会社の発行済株式総数自体は減少しますが、発行可能株式総数には変動が生じません。したがって、株式会社は、株式消却を行った分について、新たに新株を発行することが可能になります。

株式分割とは

株式分割とは、株式会社が1つの株式を、より多くの株式に分けることです。たとえば、1株の株式を2.5株に分ける場合などが挙げられます。株式分割によって、発行済株式総数は増加することになりますが、既存の株式を分割したことに基づく増加であるため、株式会社の資産状態には変動が生じません。

株式分割を行い株式数が増加すると、その分、1株当たりの単価が下落します。そのため、株式の購入を希望する者にとって、より購入しやすくなり、個人の投資家を中心に、株式購入にあたっての経済的負担を小さくする効果があります。

株式会社が株式分割を行う場合には、株主総会の普通決議が必要になります。ただし、取締役会設置会社においては、取締役会決議によって株式分割を行うことが可能です。株式併合の場合に株主総会の特別決議が必要であった点と異なりますので、注意が必要です。株式分割の場合には、株式併合と異なり、株主としての地位を失う者はいないため、株式併合のような慎重な手続きは要求されていません。

● 株式分割

(例) 1株→2.5株に分割する場合

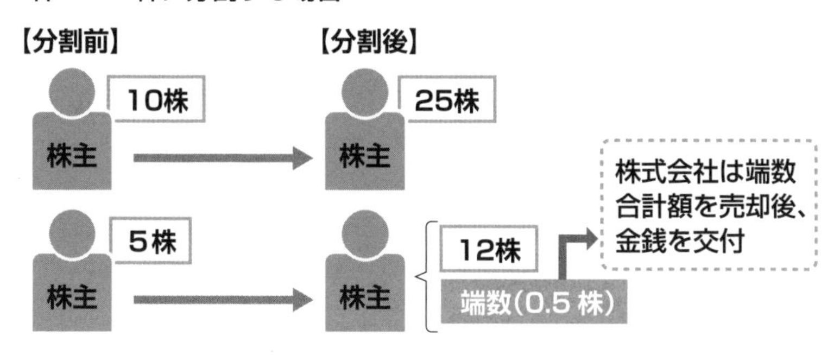

もっとも、株式分割によっても端数が発生する可能性があります。たとえば、1株を2.5株に株式分割を行うと、もともと5株を保有していた株主は、12.5株を保有することになります。この場合、端数にあたる0.5株（12.5株－12株＝0.5株）については、株式会社が端数の合計額にあたる株式を売却して、その金銭を端数を保有する株主に交付することによって処理します。

株式の無償割当てとは

株式の無償割当てとは、株式会社が株主に対して、保有する株式数に合わせて、新たに株式を無償で交付する行為を指します。株式の無償割当てを行う場合には、株主総会決議（普通決議）あるいは取締役会決議（取締役会設置会社の場合）が必要になります。

たとえば、株式会社が、「株主が保有する株式1株ごとに、1株を無償で交付する」という内容の株式の無償割当てを行うと、10株の株式を保有していた株主は20株の株式を保有することになります。そのため、株式の無償割当ては、株式分割と類似した効果があります。しかし、株式分割は、株式会社が保有する自己株式なども対象になるのに対して、株式の無償割当ては、自己株式が対象から除かれるなど、違いがあることに注意が必要です。

9 株式公開買付制度

株式公開買付制度とは

株式公開買付制度とは、株式会社の不特定多数の株主から、その株式会社の株式を、市場外で買い付ける制度です。TOB（Take Over Bid）と呼ばれることもあります。株式公開買付制度は、株式会社の支配権に影響を及ぼす可能性のある取引の透明性や公平性を確保するために、関連情報を開示して、株主に対して公平に売却の機会を与えるための制度です。公開買付けの多くは、証券取引所において株式の取引が行われている上場会社を買収する目的や、自己株式を買い集める目的で行われます。市場外での株式の買付け後における株式の保有割合が５％を超えるか３分の１を超える場合などは、公開買付けが義務付けられます。

どのような手続きになるのか

公開買付けを行う者（買付者）は、その株式会社の株主に対して、公開買付けを行うことや、公開買付けの条件を事前に公告しなければなりません。さらに、買付者は、公開買付届出書を内閣総理大臣に対して提出しなければなりません。株式の公開買付届出書には、①買付けの価格、②買付け予定の株式の数、③買付けを行う期間、④買付けに関する条件、⑤公開買付けの目的などを記載しなければなりません。他方、公開買付けの対象となる株式会社は、公開買付けについて意見表明報告書を作成し、内閣総理大臣に提出しなければなりません。

公開買付開始公告、公開買付届出書、意見表明報告書などは公開されます。株主は、これらの公開された書類の内容を検討して、公開買付けに応募するか否かを決定します。株主は、公開買付けに応じて売

● 株式公開買付制度

公開買付けが義務付けられるおもな場合

市場外での買付けで買付け後の株式の保有割合が5％超（5％ルール）
市場外での買付けで買付け後の株式の保有割合が 1/3 超（1/3 ルール）

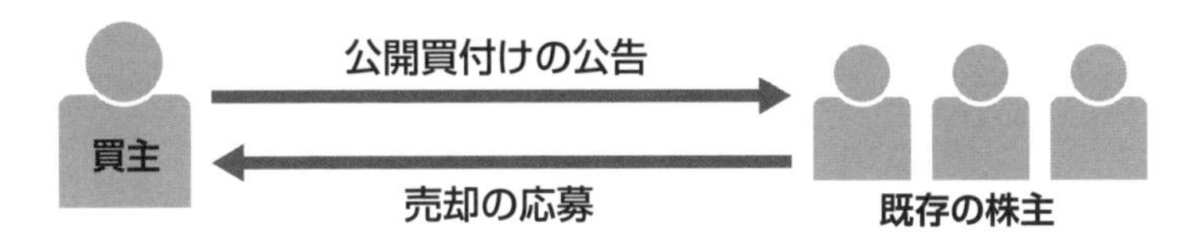

※買付け予定株式数 ＜ 応募株式数の場合 … 按分比例で買い取る
ただし、買付け後の株式の保有割合が2/3以上
… 全部買付義務あり

却するか、市場で売却するか、売却しないかを選択することになります。

公開買付けには、対象の株式会社の株式すべてを取得対象とする場合と、あらかじめ買付け予定の株式数を定めておき、その数の株式のみを取得対象とする場合（部分的公開買付け）とがあります。部分的公開買付けにおいて、買付け予定の株式数を上回るほど応募者が多数いる場合には、応募した株主が保有する株式の割合に応じて（按分比例）、各応募者から株式を買い付けなければなりません。

ただし、公開買付けの後における買付者の株式の保有割合が３分の２以上になるような場合には、買付者は、すべての株式を買い付けなければなりません。公開買付けにより特定の者が多数の割合の株式を保有することになると、上場廃止などの可能性があり、株式売却の機会の確保などの観点から、既存株主を保護する必要があるためです。したがって、公開買付けによって、その対象となる株式会社の議決権の３分の２以上の割合の株式を取得することになる場合には、買付者は、その株式会社のすべての株主に対して、株式を売却する機会を保障することが義務付けられます。

10 株主代表訴訟

株主代表訴訟とは

株主代表訴訟とは、株式会社の株主が、株式会社に代わって、おもに株式会社の役員等（取締役、監査役、会計参与、執行役、会計監査人）の責任を追及するために提起する訴訟です。会社法では「株主による責任追及等の訴え」として規定されています。

役員等に違法行為や不正行為が認められた場合、本来は株式会社自身が、その行為の是正を命じ、必要に応じて損害賠償請求を行わなければなりません。しかし、役員等同士の馴れ合いの関係などから、責任追及が行われないおそれがあります。そのため、株式会社が適切に責任追及を行わない場合に、株主が株式会社に代わって、株主代表訴訟を提起して責任追及を行うことを認めています。

株主代表訴訟は、いきなり提起することはできません。あくまで株式会社に代わって提起する訴訟ですので、まず株主は、株式会社に対して、書面などにより役員等の責任を追及する訴えを提起するよう請求します。そして、請求日から60日以内に株式会社が訴えを提起しない場合にはじめて、請求をした株主による株主代表訴訟の提起が可能になります。公開会社では、株式会社に訴えの提起を請求したり、株主代表訴訟を提起したりすることができるのは、6か月前から引き続き株式を保有する株主に限られます。

株主代表訴訟の対象や株式会社への訴訟告知

株主代表訴訟で追及できるのは、役員等の任務懈怠に基づく損害賠償責任などです（⇨ P.70）。そして、株主代表訴訟を提起した株主は、株式会社に対して訴訟告知を行わなければなりません。これは、株主

株主代表訴訟

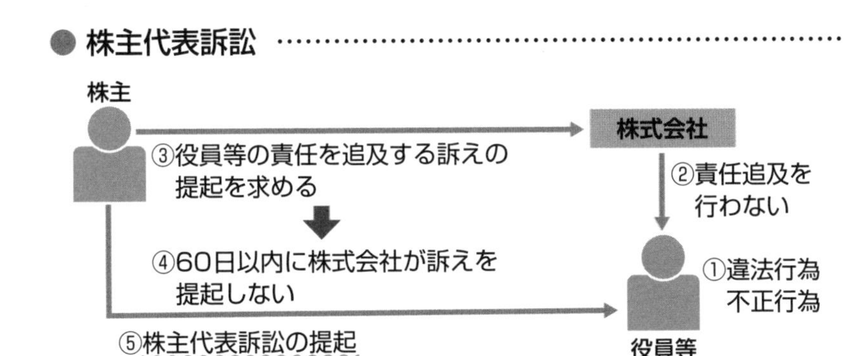

と役員等との間の馴れ合いで訴訟が進み、不当な判決や和解となるおそれもあることから、株式会社に対して訴訟に参加する機会を与えるためです。訴訟告知を受けた株式会社は、その旨を公告するか、全株主に通知しなければなりません。

株主代表訴訟における和解

株主代表訴訟についても、その他の訴訟と同様に、原告である株主と、被告である役員等との間で和解することによって、訴訟を終了させることが認められています。

ただし、株主と役員等との馴れ合いによる和解が行われるおそれがあります。そこで、株主代表訴訟を和解によって終了させる場合には、裁判所は、株式会社に対し、和解の内容を通知し、２週間以内に異議を述べる機会を与える必要があります。

株主代表訴訟の判決の効果

株主代表訴訟における判決は、原告である株主や被告である役員等だけでなく、株主の勝訴・敗訴を問わず、株式会社や他の株主も拘束することに注意が必要です。したがって、他の株主や株式会社は、再審の訴えによる場合を除き、同一の事実に基づき、役員等の責任を追及する訴えを再び提起することはできません。

11 多重代表訴訟

多重代表訴訟とは

多重代表訴訟とは、持株会社の株主が、おもにグループ傘下の子会社に所属する役員等に対して、その責任を追及するための訴えを提起する場合に利用できる制度です。

株主代表訴訟を提起することが許される株主は、その株式会社の株主に限定されるのが原則です。子会社の役員等の責任は、親会社が株主として株主代表訴訟を提起するのが原則です。しかし、親子会社間で役員等を兼任したり、親会社の従業員が子会社の役員等に就任している場合などは、親子会社間で馴れ合いが生じ、親会社による株主代表訴訟の提起が期待できないことが考えられます。そこで、一定の場合に親会社の株主による多重代表訴訟を認めています。

多重代表訴訟を提起できるのは、対象となる子会社の株式の100%を直接または間接に保有する企業グループの最上位の親会社（最終完全親会社等といいます）の１%以上の株式を保有する株主に限られます。「間接に保有する企業グループ」とは、孫会社などのことを指します。ただし、公開会社では、６か月前から引き続き１%以上の株式を保有している必要があります。また、対象となる子会社の株式の帳簿価額（簿価）が最終完全親会社等の総資産の５分の１を超える場合でなければなりません。規模の小さい子会社は企業グループに与える影響も小さいと考えられるからです。以上の条件を充たす場合のみ、多重代表訴訟の制度を利用することができます。

したがって、企業グループにおいては、多重代表訴訟の対象になりそうな子会社があるかどうか、株式の帳簿価額から事前に確認しておくことが重要です。対象になりそうな子会社がある場合は、役員等賠

● 多重代表訴訟を利用できる場合

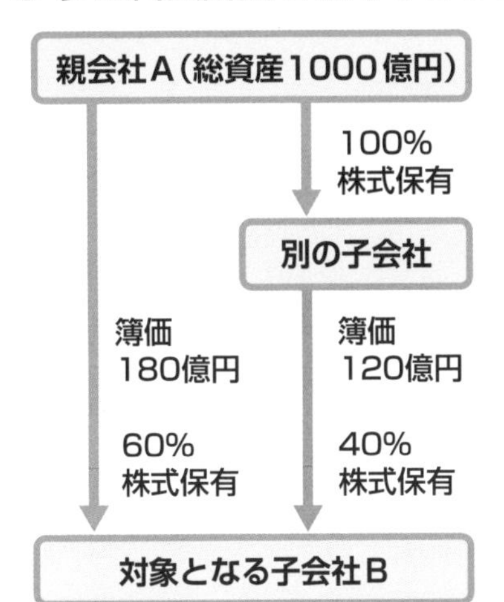

【要件①】
最終完全親会社等であること
⇒Aは直接・間接合わせてBの株式を100%保有している

【要件②】
株式の簿価が総資産の5分の1超
⇒Aは直接・間接合わせて簿価300億円分のBの株式を保有。これはAの総資産1000億円の5分の1を超える

要件①②を充たした場合、Aの株式の1%以上を保有する株主は、多重代表訴訟を提起できる（Aが公開会社の場合は、6か月の保有期間要件もあり）

償責任保険への加入や、保険料を企業グループ内でどのように負担するかを検討することが有効です。

多重代表訴訟の手続き

多重代表訴訟を提起する場合には、株主代表訴訟の提起と同様に、まず最終完全親会社等の株主は、対象となる子会社に対して、役員等の責任を追及する訴えを提起するよう請求しなければなりません。請求日から60日以内に対象となる子会社が訴えを提起しない場合にはじめて、請求をした株主が多重代表訴訟を提起することが可能になります。

多重代表訴訟を提起した株主は、対象となる子会社に対して訴訟告知を行います。訴訟告知を受けた子会社は、最終完全親会社等に対して訴訟告知を受けた旨を通知します。通知を受けた最終完全親会社等は、通知を受けた旨を公告するか、最終完全親会社等の全株主に通知します。

Column

株式の相続

株式も、金銭や不動産などと同様に財産としての価値を持つ以上、相続の対象に含まれます。したがって、株主が死亡した場合、その株主の相続人は、株主としての権利を相続により引き継ぐことができます。相続により株主としての地位が相続人に移転したことを株式会社に対して主張するためには、原則として株主名簿の名義書換えが必要になります。

また、株主の相続人が複数名いる場合には注意が必要です。遺産分割協議が終了するまで、株式は、各相続人が法定相続分に応じて共有している状態になります。そこで、会社法は、株式の共有について規定を設けています。具体的には、共同相続人などが株式を共有する状態にある場合には、株主としての権利行使を行う者を１名決定して、その者を株式会社に対して通知しなければ、株主としての権利を行使することができないと規定しています。ただし、株式会社が同意した場合は、権利行使者を決定して会社に通知しなくても、株主としての権利を行使することができます。

権利行使者については、共有持分割合の過半数によって決定するというのが判例の立場です。権利行使者として株式会社に対して通知した者は、単独で株主としての権利を行使することが可能です。仮に、その権利行使が他の共有者の意思に反している場合であっても、株式会社との関係では、権利行使者は単独で権利を行使することができる点に注意が必要です。

また、譲渡制限株式の相続が発生した場合には、株式会社が相続人に対して、株式の売渡しを請求することができることを定款に定めることができます。譲渡制限株式を発行する株式会社にとっては、誰が株主となるかが重要関心事であるからです。

第6章

株式会社の計算、株式・社債の発行などの資金調達のしくみ

1 決算手続きと計算書類等

会計制度の目的

株式会社における会計とは、一定の期間における業績や一定の時点における財政状況などを定期的に把握して、それらに関する情報を、株式会社と利害関係を持つ者（利害関係人）に対して開示することをいいます。会社法では「計算」という言葉が用いられています。利害関係人には、現に株主である者や、株式会社に対して債権を持つ会社債権者の他に、今後、株式会社への出資を検討している者や、取引関係に入る予定がある者も含まれます。

株式会社の目的として、事業運営によって得た利益を株主に配当すること（剰余金の配当）が挙げられます。その際、株式会社の債権者に対する返済をないがしろにして、株主に対して剰余金の配当を行うことは許されません。そこで、公正妥当と認められる会計を行い、株式会社の利益の状況に応じて、株主への剰余金の配当を行う適切な額を算出することで、会社債権者など利害関係人の利益を侵害するのを防ぐことが求められます。

計算書類等の作成

株式会社は、事業年度が終了するごとに、後述する計算書類等を作成することが義務付けられています。実際には、株式会社の計算に関する業務執行を担当する取締役・執行役が中心になって作成します。会計参与が置かれている場合は、その会計参与と共同して作成します。事業年度とは、株式会社ごとに定めた１年以内の期間を指します。とくに上場会社では「４月１日から翌年３月31日まで」を１事業年度として定める株式会社が多いといえます。

● 計算書類等

<table>
<tr><td rowspan="6">計算書類等</td><td rowspan="4">計算書類</td><td>貸借対照表</td><td>一定の時点における株式会社の資産、負債、純資産を示す書類</td></tr>
<tr><td>損益計算書</td><td>株式会社の収益から費用を差し引いた額を示す書類</td></tr>
<tr><td>株主資本等変動計算書</td><td>１事業年度中における貸借対照表の純資産の部の変動（変動理由も含む）を示す書類</td></tr>
<tr><td>個別注記表</td><td>上記３つの記載事項について、より正確な利益や損失の状態の把握に必要な注記を表示した書類</td></tr>
<tr><td colspan="3">事業報告</td></tr>
<tr><td colspan="3">計算書類・事業報告の付属明細書</td></tr>
</table>

なお、大会社のうち金融商品取引法によって有価証券報告書の提出が義務付けられている株式会社は、計算書類等の他に、子会社などから構成される企業集団（企業グループ全体）の財産状況を明らかにする連結計算書類を作成しなければなりません。

どのようなものが「計算書類等」に該当するのか

株式会社が各事業年度について作成すべき計算書類等は、計算書類、事業報告、それらの付属明細書のことを指します。このうち計算書類は、貸借対照表、損益計算書、株主資本等変動計算書、個別注記表といった書類から構成されます。

貸借対照表とは、一定の時点における株式会社の資産、負債、純資産を示す書類です。損益計算書とは、一定の期間における収益とそれに対応する費用を示す書類で、利益や損失の額を明らかにする目的があります。株主資本等変動書とは、１事業年度における貸借対照表の純資産の部の変動（変動理由も含む）を示す書類です。個別注記表とは、貸借対照表、損益計算書、株主資本等変動書の記載事項について、より正確な利益や損失の状態の把握に必要な注記を表示する書類です。

2 財源規制

財源規制とは

会社法における財源規制とは、株式会社が、自己株式の取得や剰余金の配当などをする場合に、株主に分配できる金額などに対して設けられた制限を指します。分配可能額規制とも呼ばれています。会社法が財源規制を設けた目的として、株式会社の債権者（会社債権者）を保護することが挙げられます。株式会社が会社債権者に対して融資金や売掛金の返済などをする十分な資力がないにもかかわらず、株主に剰余金の配当などを行うと、会社債権者が損害を被る可能性があります。

このように、株式会社が制限なく剰余金の配当などを行うことを認めてしまうと、不測の損害を被るのを避けるため、株式会社に対して融資などを行う会社債権者がいなくなるおそれがあります。そこで、会社債権者を保護するとともに、株式会社の事業運営も保護するために、財源規制が設けられているといえます。

具体的には、会社法の規定により、株式会社が剰余金の配当などによって株主に交付する金額が、分配可能額を超えてはいけません。分配可能額は複雑な計算によって算出されますが、株式会社の事業年度末の剰余金（貸借対照表における資本剰余金と利益剰余金の合計）の額などから、自己株式の帳簿価額などを差し引いた額が分配可能額にあたります。

どんな場合に規制されるのか

会社法では、財源規制の対象になる行為を列挙しています（次ページ図）。ここでは、剰余金の配当と自己株式の取得が違法になる場合

● 財源規制の対象

財源規制の対象		
	①	譲渡制限株式の譲渡を承認しない場合の買取り
	②	子会社からの自己株式の取得、市場取引・公開買付けによる自己株式の取得
	③	株主との合意による株式の有償取得
	④	取得請求権付株式の取得
	⑤	取得条項付株式の取得
	⑥	全部取得条項付株式の取得
	⑦	相続人等に対する売渡請求に基づく買取り
	⑧	所在不明株式の売却手続きにおける買取り
	⑨	端数株式（1株に満たない株式）の売却手続きにおける買取り
	⑩	剰余金の配当

について取り上げます。

剰余金の配当について、株式会社は、純資産額が300万円を下回らない限り、分配可能額の範囲内で、原則として自由に剰余金の配当ができます。配当の対象は金銭であるのが一般的です。そして、分配可能額を超える剰余金の配当が財源規制に反する違法行為にあたります。違法な剰余金の配当が行われた場合、株式会社は、剰余金の配当を受けた株主に対して、受領した金額分の返還を求めることができます。さらに、違法な剰余金の配当に関する議案を提出した取締役などに対しても、株式会社は、剰余金の配当をした金額分の支払いを求めることができます。

これに対して、財源規制に反する違法な自己株式の取得とは、株式会社が、分配可能額を超えて、株主が保有する株式を有償で取得することを指します。違法な自己株式の取得に関する株主や取締役の責任は、剰余金の配当の場合と同じです。ただし、反対株主の株式買取請求権（⇨ P.52）に応じて自己株式を取得する場合など、財源規制の対象から除かれる自己株式の取得があることに注意が必要です。

3 募集株式の発行（新株発行）

募集株式の発行とは

募集株式の発行とは、設立後に株式を引き受ける者（引受人）を募り、出資の履行をした引受人に対して、新たに株式を発行することをいい、新株発行とも呼ばれています。引受人は、出資の履行をすることで引き受けた株式を取得することができる（その株式についての株主となる）ため、株式会社は、募集株式の発行を行うことで、資金などの資金を調達することができます。

株式会社の資金調達の方法として、自己株式を処分するという方法もあります。自己株式の処分は、自社の株式を引き受ける者（引受人）を募り、出資の履行をした引受人に対して自社の株式を交付する点で、募集株式の発行と共通しています。そのため、自己株式の処分の手続きは、募集株式の発行とほぼ同様の手続きによって行われることになっています。ただし、自己株式の処分の場合は、発行済株式数や資本金の額は増加しないので、それらについての変更登記は不要です。

既存株主の保護と募集株式の発行手続き

募集株式の発行手続きについて、会社法は、既存株主への影響を考慮して、発行内容に応じて異なる手続きを定めています。

募集株式の発行は、既存株主全員に持株比率に応じて発行する場合でない限り、既存株主の持株比率や保有株式の１株当たりの価値を一方的に変動させることになります。そこで、持株比率等についてとくに株主の関心が高い非公開会社の場合、募集株式の発行には、原則として、株主総会の特別決議を必要としています。ただし、すべての既存株主に対してその持株比率に応じて株式の割当てを受ける権利を与

● 募集株式の発行と既存株主への影響

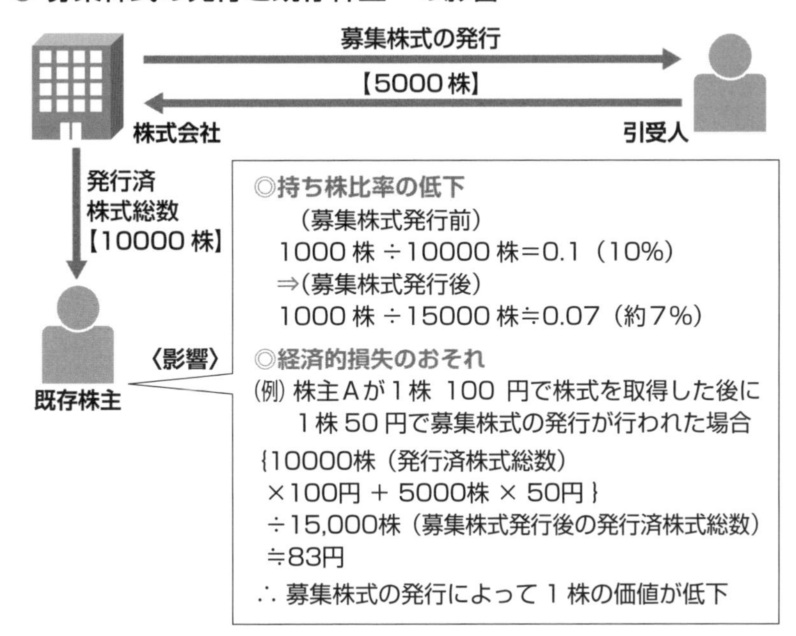

える場合（株主割当ての場合）は、既存株主が割当てに応じて新株を取得する限り、持株比率は低下せず、各既存株主が保有する株式全体の価値は変わりません。そのため、株主割当ての場合は、非公開会社でも、取締役（取締役会設置会社では取締役会）に募集事項の決定を委任する定款の定めがあれば、株主総会の特別決議は不要です。なお、株主割当ての場合でなくても、非公開会社において、株主総会の特別決議により取締役（取締役会設置会社では取締役会）に募集事項の決定を委任することは可能です。他方、公開会社では、原則として、取締役会決議により募集事項を決定することができます。

また、既存株主以外の第三者や特定の株主に対して、特に有利な価格で募集株式の発行をする場合には、株主割当ての場合を除き、公開会社・非公開会社ともに、株主総会の特別決議が必要です。

4 新株予約権

新株予約権とは

新株予約権とは、株式会社に対して行使することにより、その株式会社の株式を取得することができる権利です。簡単に言うと「株式を買う権利」のことです。株式会社は、行使期間や行使価格などを定めて新株予約権を発行します。新株予約権の発行を受けた者（新株予約権者）は、定められた行使期間内に、定められた行使価格を支払う（新株予約権を行使する）ことで、その株式会社の株式を取得する（株主になる）ことができます。

新株予約権者は、新株予約権を行使することで、経済的に利益を得ることができる場合があります。たとえば、株式会社から「1株あたり100円」を行使価格とする新株予約権の発行を受けていたとします。その後、新株予約権の権利行使期間内に、その株式会社の株式の時価が1株200円に上昇していたとします。この時点で権利者が新株予約権を行使すると、本来は1株200円の出資が必要であるにもかかわらず、行使価格である1株100円の出資で株式を取得できるため、その取得した株式を売却すれば1株100円の利益を得ることができます。

新株予約権の発行と既存株主への影響

新株予約権の発行方法としては、引受けの申込みをした者に対して、有償もしくは無償で新株予約権を割り当てる募集新株予約権の発行と、既存株主に対して、保有株式の割合に応じて、引受けの申込みを待つことなく持株比率に応じて無償で新株予約権を割り当てる新株予約権無償割当てによる発行があります。

募集新株予約権を発行すると、新株予約権の行使により、既存株主

● 新株予約権

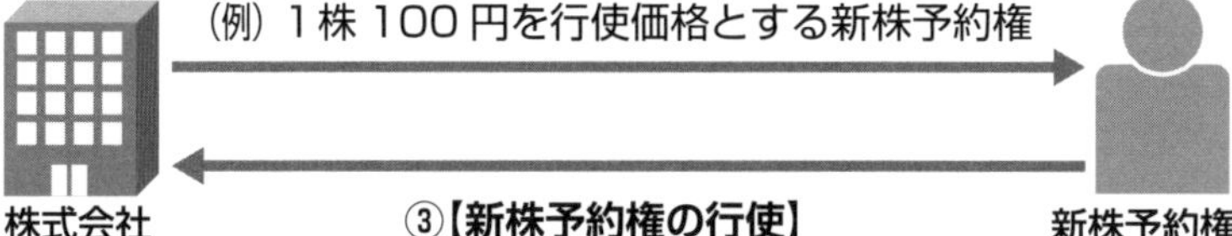

の持株比率の低下や、保有株式の１株当たりの価値の低下を招くおそれがあります。たとえ無償発行であっても、既存株主全員に持株比率に応じて新株予約権を割り当てるのでなければ、一方的に持株比率や１株当たりの価値を変動させることになります。そこで、持株比率にとくに関心の高い非公開会社では、募集新株予約権の発行には、原則として株主総会の特別決議を必要としています。なお、株主総会の特別決議により取締役（取締役会設置会社では取締役会）に募集事項の決定を委任することは可能です。他方、公開会社では、原則として、取締役会決議により募集事項を決定することができます。また、特に有利な条件で募集新株予約権を発行する場合は、公開会社・非公開会社ともに、株主総会の特別決議を必要としています。

新株予約権無償割当ての場合は、引受けの申込みを待つことなく持株比率に応じて無償で新株予約権を割り当てるものです。したがって、株主が新株予約権を行使する限り、一方的に持株比率を変動させるものではなく、１株当たりの価値は変動するものの、各既存株主が保有する株式全体の価値を一方的に変動させるものではありません。そのため、非公開会社・公開会社ともに、取締役会設置会社では取締役会決議、取締役会非設置会社では株主総会の普通決議で行うことができ、定款で別の手続きを定めることも可能です。

5 社　債

社債とは

社債とは、会社が資金調達の手段として、投資家から金銭の払込みを受けるのと引き換えに割り当てる債権であり、負債としての性質を持ちます。社債を保有する人を社債権者といいます。通常の金銭の借入れの場合と同様に、社債を発行した会社は、償還期限が到来すると、社債権者に元本を償還しなければなりません。反対に、発生する利息については、利率と利払日を定めて、社債権者に対して定期的に支払うのが一般的です。社債は、会社に対する権利（債権）であって、そのままでは目に見えませんが、これを有価証券にすることもできます。社債を有価証券にしたものが社債券です。

社債には、社債権者の氏名（名称）・住所が記載されている記名社債と、社債権者の氏名（名称）・住所が記載されていない無記名社債があります。記名社債の場合は、社債券が発行される場合と発行されない場合があるのに対し、無記名社債の場合は、必ず社債券が発行されるという違いがあります。

その他にも、社債と新株予約権をセットにした新株予約権付社債という社債もあります。

社債の発行手続き

社債の発行は、社債を引き受ける者を募集する方法によって行うことができます。これを募集社債の発行といいます。募集社債を発行する場合は、その都度、以下の①～⑤の手続きを経ることが必要です。なお、特定の者が社債の総額をまとめて引き受ける場合（総額引受）には、以下の②・③の手続きが不要となります。

● 募集社債の発行手続き（総額引受でない場合）………………

1 取締役（会）は、社債の総額と内容（金額、利率、償還方法・期限、利息の支払方法・期限など）を決定し、社債権者を募集する

↓

2 募集社債を引き受けようとする者は、社債申込証を会社に提出して引受けの申込みを行う

↓

3 会社は、申込者の中から募集社債を割り当てる者を決定し、割当ての金額、金額ごとの数を決定する
⇒この決定により、払込みの有無にかかわらず、募集社債の発行の効力が生じ、社債権者が決定する

↓

4 社債権者は、割当てを受けた金額を会社に払い込む
⇒払込みと引き換えに、社債券を発行することも可能

↓

5 会社は社債原簿を作成し、社債の内容、払い込まれた金額、払込日などの事項を記載する

① 取締役会（取締役会非設置会社の場合は取締役）は、社債の総額と内容（金額、利率、償還方法・期限、利息の支払方法・期限など）を決定し、社債権者を募集します。

② 募集に応じて募集社債を引き受けようとする者は、社債申込証を会社に提出して引受けの申込みをします。

③ 会社は、申込者の中から募集社債を割り当てる者を決定し、割当ての金額、金額ごとの数を決定します。この決定により、払込みの有無にかかわらず、募集社債の発行の効力が生じ、社債権者が決定します。

④ 社債権者は、割当てを受けた金額を会社に払い込みます。この払込みと引き換えに、社債券を発行することもできます。

⑤ 会社は社債原簿を作成し、社債の内容、社債と引き換えに払い込まれた金額、払込日などの事項を記載します。記名社債の場合には、社債権者の氏名（名称）・住所も記載します。

6 社債管理者・社債権者集会

社債管理者・社債管理補助者とは

社債を発行する会社は、社債管理者を定め、その者に社債の管理を委託しなければならないのが原則です。社債管理者とは、社債権者のために社債の管理をする機関です。社債管理者になる資格を持っているのは、銀行や信託会社などに限定されています。社債管理者は、社債権者のために、社債に関する債権の弁済を受領する権限や、社債に関する債権を保全するために必要な一切の行為をする権限を持っている一方で、公平・誠実に社債を管理する義務や、社債権者に対する善管注意義務を負っています。

なお、各社債の金額が1億円以上である場合や、社債の総額を各社債の金額の最低額で除した数が50を下回る場合には、例外的に社債管理者を置く必要がありません。従来、社債管理者は責任が重くコストがかかる等の問題がありました。そこで、社債権者の保護のため、令和元年成立の会社法改正により、社債管理者を置く義務のない上記の場合において、社債管理補助者を定め、その者に社債の管理の補助を委託することが可能になりました。社債管理補助者となる資格は、銀行や信託会社の他、弁護士や弁護士法人にも認められます。そして、社債管理者と同様に、公平・誠実に社債を管理する義務や、社債権者に対する善管注意義務を負っています。

社債権者集会とは

社債権者の利害に関する事項について、同じ種類の社債を保有する社債権者が集まって意思決定をするために、必要に応じて開催される合議体のことを社債権者集会といいます。

● 社債管理者と社債管理補助者

社債管理者	・社債管理者になることができるのは、銀行や信託会社などに限られる ・社債権者のために社債に関する債権の弁済の受領権限や、債権の保全に必要な一切の権限を有する ・公平・誠実に社債を管理する義務や、社債権者に対する善管注意義務を負う ・社債管理者が、会社法や社債権者集会の決議に違反する行為をしたときは、社債権者に対して、これによって生じた損害を賠償する責任を負う
社債管理補助者	・各社債の金額が1億円以上である場合か、社債の総額を各社債の金額の最低額で除した数が50を下回る場合には、社債管理者を置く必要はないが、社債管理補助者を置くことができる ・社債管理補助者には、銀行や信託会社の他、弁護士や弁護士法人もなることができる ・公平・誠実に社債を管理する義務や、社債権者に対する善管注意義務を負う ・社債管理補助者が、会社法や社債権者集会の決議に違反する行為をしたときは、社債権者に対して、これによって生じた損害を賠償する責任を負う

社債権者集会は、原則として会社もしくは社債管理者が招集し、社債権者には保有する社債の金額に応じた議決権が与えられます。社債権者集会の決議は、原則として出席した議決権者の議決権の過半数の同意で成立しますが、裁判所の認可を受けて初めて効力が生じます。そこで、社債権者集会の招集者は、決議日から1週間以内に、裁判所に決議の認可を申し立てなければなりません。裁判所は、法令違反や不正・不公正などの事由がない限り、決議を認可します。裁判所の認可を受けた後は、社債管理者もしくは代表社債権者によって、社債権者集会の決議内容が執行されます。

なお、令和元年成立の会社法改正によって、社債権者集会の決議で、社債の元利金の免除ができることや、社債権者全員の書面や電磁的記録による同意がある提案に関しては、社債権者集会の決議があったとみなすことが明文化されました（決議の省略）。

7 新株発行等に不備があった場合

新株発行等に不備がある場合の救済制度

新株発行等（募集株式の発行や自己株式の処分）に不備がある場合に関して、会社法では、主として、新株発行の差止請求、株式発行無効確認の訴え、株式発行不存在確認の訴えという３つの救済制度を設けています。

新株発行等の差止請求

新株発行等の差止請求とは、法令・定款に違反する新株発行等や、著しく不公正な方法による新株発行等が行われることで、株主が不利益を被るおそれがある場合に、株主が株式会社に対して、その新株発行等を止めるように請求することです。

新株発行等の差止請求が問題になる例として、株主総会の特別決議を経ないで、「特に有利な金額」で株式発行が行われた場合（有利発行）などが挙げられます。「特に有利な金額」とは、公正な払込金額に比べて著しく有利な金額のことを指します。また、著しく不公正な方法については、株式発行が株式会社の支配権の維持・確保を主要な目的として行われる場合などがあてはまります。

新株発行等の無効確認の訴えと不存在確認の訴え

新株発行等の無効確認の訴えとは、株主・取締役・監査役・執行役・清算人が、株式会社を被告として、すでに行われた新株発行等が無効であることの確認を求める訴えです。無効確認の訴えは、必ず訴訟により行わなければなりません。公開会社においては、新株発行等が行われた日から６か月（すべての株式の譲渡が制限されている非公

● 新株発行等に不備があった場合

	救済手段	内容など
新株発行等の前	新株発行等の差止請求	法令・定款に違反する新株発行等や、著しく不公正な方法による新株発行等が行われることで、株主が不利益を被るおそれがある場合に請求可能 （具体例）株主総会の特別決議を経ずに、特に有利な価額で株式が発行された場合
新株発行等の効力発生後	新株発行等無効確認の訴え	新株発行等に重大な法令・定款違反がある場合に、株主や取締役などが、株式会社を被告として、新株発行等が行われた日から６か月（非公開会社は１年）以内に、新株発行等の無効を求める訴訟を提起するもの （具体例）発行可能株式総数を超えて株式発行を行った場合
	新株発行等の不存在確認の訴え	株式会社を被告として、新株発行等の不存在を主張するための訴訟を提起するもの （具体例）新株発行の登記が行われているが、まったく新株発行手続きが行われていない場合

開会社においては１年）以内に、無効確認の訴えを提起しなければなりません。無効確認の訴えが認められるのは、たとえば、発行可能株式総数を超えて株式発行をしたなど、新株発行等の法令・定款の違反の程度が重大な場合に限定されます。

新株発行等の不存在確認の訴えとは、実際には行われていない（行われていないに等しい場合を含む）新株発行等について、株式会社を被告として、新株発行等が存在しないことの確認を求める訴えです。たとえば、新株発行の登記（増資の登記）が行われているものの、新株発行の手続きが一切行われていない場合などに、不存在確認の訴えが認められます。

Column

ストックオプション

ストックオプションとは、株式会社が、取締役などの役員や従業員に対する報酬や給与として、新株予約権の発行を行うことをいいます。たとえば、A社が、ストックオプションとして、自社の取締役に対して報酬として「1年後に1株について5,000円をA社に払い込むことで、A社の株式を取得することができる」という新株予約権を発行するような場合です。新株予約権とは、株式会社に対して行使することで、その株式会社の株式を取得することが認められる権利です。新株予約権の交付を受けた者（新株予約権者）は、あらかじめ定められた行使期間内に、定められた行使価格を払い込むことで、株式会社の株主になることが可能です。ストックオプションは、金銭以外の方法による報酬や給与にあたります。

新株予約権には、行使価額が行使時の株価より低額である場合に、より低額の出資によって、その株式会社の株式を取得することができるというメリットがあります。前述の例で、1年後に1株について10,000円に株価が上昇していれば、新株予約権の行使によって株式を取得し、取得した株式を売却することで、1株について5,000円の利益を手に入れることができます。

このように、新株予約権の行使時点で株価が上昇していればしているほど、取締役などの利益は大きくなります。そして、株価を上昇させるためには、企業価値を高める必要があるため、取締役などは、事業運営に一生懸命取り組むことが期待できます。新株予約権を取締役などの報酬や給与として発行することは、株式会社の企業価値を高め、株価を上昇させようとする動機付け（インセンティブ）として機能するということができます。

第７章

事業再編・解散清算のしくみ

1 組織再編とM&A

M&Aとは

M&A（Mergers and Acquisitions）とは、企業同士が合併する行為や企業が他の企業を買収する行為などを指します。おもに経済用語として用いられています。

通常、会社が新規事業を開拓する場合には、店舗・人材などの物的・人的な経営資源が必要です。しかし、他社の事業を買収すれば、その事業に関して他社が持っている経営資源を基本的にはそのまま引き継ぐことができます。つまり、新規事業を一から作り上げようとすると、時間がかかる上、その事業のノウハウが必要になりますが、他社の事業を買収すれば、買収した他社のノウハウを利用することができるとともに、新規事業を一から軌道に乗せるまでの期間を省略することができるのです。

このように、M&Aは、会社が事業規模を拡大したり、新規事業に進出したりするにあたって、時間をかけずにノウハウや経営資源を入手する手段として利用されています。そして、買い手側の目的としては、上記のような、①事業規模の拡大、②新規事業の開拓の他、③海外進出などがあります。これに対して、売り手側の目的としては、①後継者不足などを背景とする事業承継、②事業の選択と集中、③大企業の傘下に入ることなどによる事業の存続、④事業の売却代金による資金調達などがあります。

M&Aを行う企業の数は増加傾向にありますが、買収などによって株価が低下するなど、企業価値を毀損してしまう場合もあります。そのため、会社としては、将来的な企業価値の変動を見越した上で、M&Aの実施の有無を慎重に検討する必要があります。

● M&A

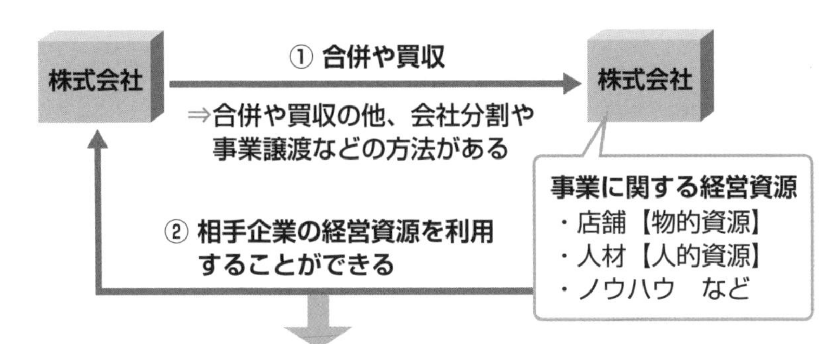

組織再編とは

M&Aを実施する具体的な方法としては、①他の会社の資産などを譲り受ける方法と、②他の会社の持分（株式）を譲り受ける方法に大別できます。①の資産などを譲り受ける方法としては、合併、会社分割、事業譲渡などが挙げられます。そして、②の会社の持分（株式）を譲り受ける方法としては、株式譲渡、株式交換、株式交付などが挙げられます。

一般に、組織再編という用語を使う場合には、会社法が規定する合併、会社分割、株式交換、株式移転、株式交付を指しますが、事業譲渡などを含む意味で使用することもあります。そして、合併、会社分割、株式交換、株式交付、事業譲渡については、M&Aの方法として用いられます。株式移転については、おもに持株会社の設立に用いられます。上記の組織再編はいずれも会社法にその内容や手続きが定められています。それぞれの内容や手続きの概要については、次ページ以降で説明していきます。

2 合　　併

合併とは

合併とは、複数の会社が結合して、1つの会社になることをいいます。会社法は、合併について、吸収合併と新設合併の2種類を規定しています。

吸収合併とは、1つの会社が合併後も存続し（存続会社）、残りの会社が消滅する（消滅会社）形式の合併です。消滅会社のすべての権利義務は、合併によって存続会社に引き継がれます。

新設合併とは、合併により2つ以上の会社がすべて消滅する（消滅会社）とともに、新たな会社を設立する（新設会社）形式の合併です。消滅会社のすべての権利義務は、合併によって新設会社に引き継がれます。ただし、消滅会社が有していた事業の許認可などは新設会社に引き継がれないため、あらためて事業の許認可を得るなどの手続きが必要となります。このため、合併の手法としては、一般に吸収合併の形式が多く用いられるようです。もちろん、吸収合併でも許認可などの種類によっては、存続会社に引き継がれない場合もあります。

なお、株式会社同士の合併の他、持分会社（⇨ P.184）同士の合併や、株式会社と持分会社との間での合併も可能です。

債権者保護手続き

会社法は、合併に関係する会社の債権者に対して、合併に対する異議を述べる機会を与えています。具体的には、会社は、一定の期間（1か月以上）を定めて、合併に対して異議を受け付けることを公告し、これと併せて、判明している債権者に対しては、個別に異議の有無を確認（催告）します。債権者が異議を述べた場合には、会社は、

● 合併

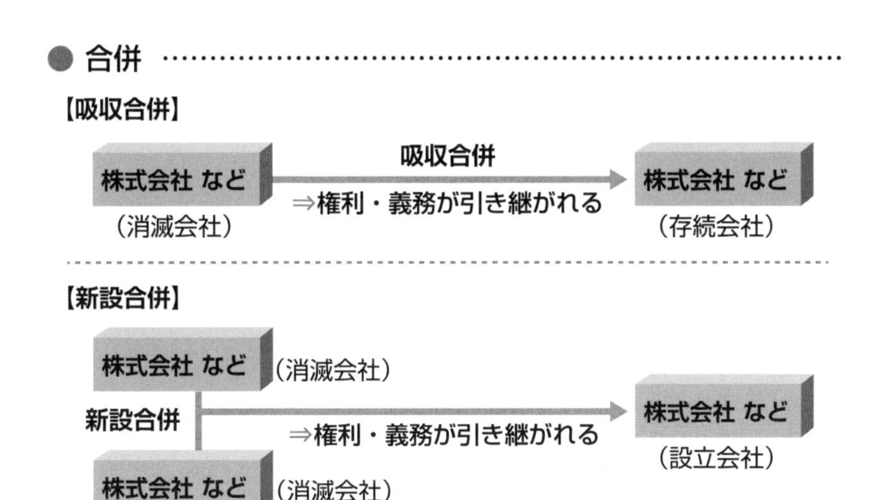

その債権者に債務を支払ったり、担保を提供したりするなどの対応をしなければなりません。

合併の手続き

ここでは株式会社同士の合併の手続きを見ていきます。まず合併をする株式会社同士で合併契約を締結します。その後、消滅会社・存続会社ともに、合併の効力発生日の前日までに、株主総会の特別決議（⇨ P.40）によって合併に関する承認を得る必要があります。合併の効力発生日とは、吸収合併の場合は合併契約で定めた日を、新設合併の場合は設立登記による新設会社の成立日を指します。合併に反対する株主は、株式会社に対して反対株主の株式買取請求権（⇨ P.52）を行使することが認められています。

そして、消滅会社・新設会社について必要な登記を行います。具体的には、吸収合併の場合は、消滅会社について解散の登記を行い、存続会社について変更の登記を行います。新設合併の場合は、新設会社について設立登記を行い、消滅会社について解散の登記を行います。

3 事業譲渡

事業譲渡とは

会社（譲渡会社）が、その事業の全部または一部を、他の会社など（譲受人）に譲り渡すことを事業譲渡といいます。単に会社の資産（不動産、機械類など）を売却するだけでは事業譲渡にあたりません。一定の事業を行うために企業が組織化し、一体として機能している財産を譲渡し、譲渡会社がその財産を利用して営んでいた事業活動を譲受人に引き継がせるものが事業譲渡にあたると考えられています。

たとえば、飲食事業の譲渡であれば、飲食事業のために利用されていた店舗、調理機器類、従業員、調理レシピ、顧客情報、ホームページ、ノウハウ、事業運営上発生した債権債務などが譲渡の対象となる財産で、これをもって譲受人が飲食事業を引き継ぐことが事業譲渡にあたります。なお、譲渡会社は、別段の合意がない限り、一定の期間・範囲で、譲渡した事業と同じ事業を行うことが禁止されます。

事業譲渡に必要な手続き

ここでは譲渡会社・譲受会社がともに株式会社の場合を見ていきます。事業譲渡に関する交渉や契約の締結は、取締役会設置会社では取締役会の決議に基づき、代表取締役や業務執行取締役が行います。

譲渡会社は、事業の全部または重要な一部を譲渡する場合に、原則として、事業譲渡の効力発生日の前日までに、事業譲渡契約について株主総会の特別決議による承認を受けなければなりません。ただし、譲渡資産の帳簿価額が譲渡会社の総資産額の20％を超えない場合には、株主総会の決議は不要です（簡易合併）。また、譲受会社が譲渡会社の総株主の議決権の90％を超えて有する特別支配会社にあたる

● 事業譲渡

譲渡会社	→ 【事業譲渡】 →	譲受会社

【対象】一定の事業を行うために企業が組織化し、一体として機能している財産

(例) 飲食事業の譲渡の場合

- 店舗 ● 調理機器類 ● 従業員 ● 調理レシピ ● 顧客情報
- ホームページ ● ノウハウ ● 事業運営上発生した債権債務　など

ときも、株主総会の決議は不要です（略式合併）。

他方、譲受会社においても、その事業が譲渡会社の事業の全部である場合に、株主総会の特別決議による承認を受けなければなりません。ただし、譲受けの対価が譲受人の純資産額の20%を超えなければ、株主総会の決議は不要です。譲受会社にとって譲渡会社が特別支配会社にあたるときも、株主総会の決議が不要になります。

事業譲渡は、以上のように株主によるチェックを受ける場合がありますが、財産を移転する際に必要な手続きは個別的に行う必要があります。たとえば、売掛金（債権）が対象であれば、債権譲渡の手続きとして債務者への譲渡通知が必要です。買掛金（債務）が対象であれば、債務引受の手続きとして債権者の承諾などが必要です。従業員についても、譲受人が雇い主になることにつき、各自の同意を得なければなりません。

株主の保護・譲渡会社の債権者の保護

事業譲渡や事業譲受けについて株主総会決議が必要な場合で、その決議に反対した株主は、反対株主の株式買取請求権（⇨ P.52）を行使することができます。また、譲渡会社が譲受会社に承継されない債務の債権者を害することを知って事業譲渡を行ったときは、残存債権者は、譲受会社に対し、債務の履行を請求することができます。

4 会社分割

会社分割とは

会社分割とは、ある会社（分割会社）が、その事業に関して有する権利義務の全部または一部を、他の会社に承継させることです。会社分割には、吸収分割と新設分割があります。吸収分割の場合は、すでに存在する会社（承継会社）に権利義務を承継させます。これに対して、新設分割の場合は、新たに設立した会社（新設会社）に権利義務を承継させます。複数の会社が共同して新設分割をすることもできます。会社分割において、分割会社になることが可能な会社形態は株式会社と合同会社だけです。これに対して、承継会社・設立会社には会社形態の制限がなく、株式会社、合同会社、合資会社、合名会社のいずれでもかまいません。以下では株式会社が両当事者となる会社分割の手続きを見ていきます。

吸収分割に必要な手続き

まず分割会社と承継会社との間で吸収分割契約を締結します。吸収分割契約では、吸収分割の効力発生日などが定められます。また、吸収分割に関する書面等を本店に備え置いて、事前の情報開示が行われます。吸収分割契約については、分割会社と承継会社は、原則として、それぞれ株主総会の特別決議による承認を得なければなりません。ただし、相手方が自社の株式の90％以上を保有する特別支配会社にあたる場合には、株主総会の決議は不要です（略式分割）。また、承継会社に承継させる資産の帳簿価額が分割会社の総資産の20％を超えないときは、分割会社の株主総会決議が不要で、分割の対価が承継会社の純資産の20％を超えないときは、承継会社の株主総会決議が不

● 会社分割

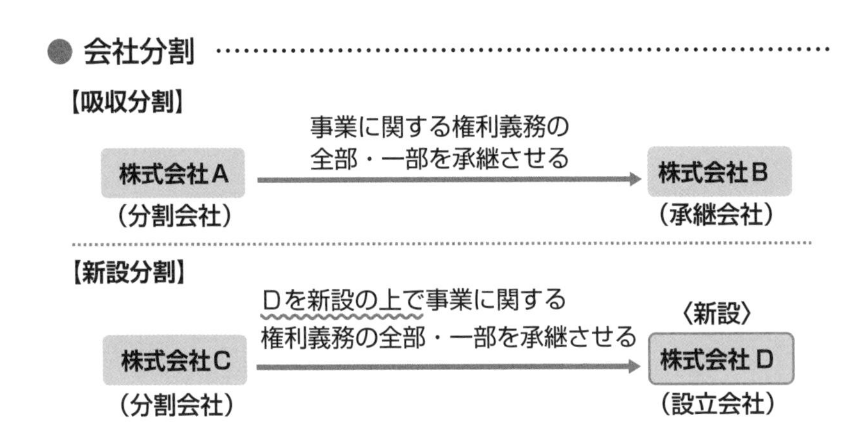

要です（簡易分割）。

吸収分割に反対した株主は、株式会社に対して反対株主の株式買取請求権（⇨ P.52）を行使できます。分割会社においては、新株予約権者に新株予約権の買取請求が認められる場合もあります。また、債権者が会社分割に異議を述べる機会を得られるように、官報公告や債権者に対する個別催告をする必要があります（債権者保護手続き）。そして、効力発生日後に、吸収分割についての書面などを本店に備え置くことで、事後の情報開示を行います。さらに、効力発生日から２週間以内に、分割会社と承継会社が同時に吸収分割による変更登記を申請します。

新設分割に必要な手続き

新設分割の手続きは、権利義務を承継する会社（新設会社）がまだ存在していない状況で行われるので、おもに分割会社における手続きが必要です。まず、分割会社が新設分割計画を策定します。その後の手続きは、吸収分割の場合と同様で、事前の情報開示、株主総会の特別決議、差止請求、反対株主の株式買取請求、新株予約権者の新株予約権買取請求、債権者保護手続き、事後の情報公開を行います。

なお、新設分割は、新設会社が設立登記によって成立した時に効力が生じます。設立登記と同時に分割会社の変更登記も申請します。

5 株式交換

株式交換とは

株式交換とは、株式会社が発行済み株式の全部を、他の株式会社または合同会社に取得させることです。株式交換が用いられるのは、株式会社が、別の株式会社を完全子会社化するような場合です。たとえば、株式会社Ｘが、株式会社Ｙの株式すべてを取得して完全子会社するために、その対価として、株式会社Ｙの株主に自社の株式などを交付する場合がこれにあたります。

株式会社Ｘが株式会社Ｙを完全子会社にしようとする場合、株式会社Ｙのすべての株主から株式を譲り受けることができれば、株式交換は必要ありません。しかし、株式会社Ｙに多数の株主が存在する場合もあり、すべての株主から合意を取りつけて株式を譲り受けることは容易でありません。この点、株式交換を利用すれば、株式会社Ｘは、株式会社Ｙのすべての株式を一括取得できるため、容易に株式会社Ｙを完全子会社化することが可能です。また、譲り受ける株式の対価として自社の株式を交付することができるため、その場合は、株式取得のために多額の金銭などを用意する必要がないという特徴があります。

なお、株式交換と類似した概念に、株式移転や株式交付があります。株式交換は、既存の会社同士を完全親子会社関係とするのに対し、株式移転は、新たに設立する会社を既存の会社の完全親会社とするものです。株式交付は、既存の会社同士を親子関係とするために行いますが、完全親子会社関係にする必要がありません。

どんな手続きが必要となるのか

ここでは両当事者が株式会社である場合を見ていきます。株式交換

● 株式交換

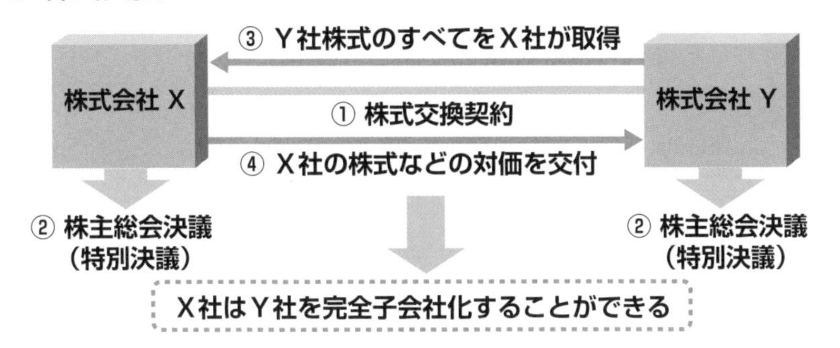

を行うためには、当事者である株式会社同士で株式交換契約を締結します。その後、原則として各株式会社における株主総会の特別決議により、株式交換に関する承認を得なければなりません。ただし、対価として交付する株式などの価額が完全親会社となる株式会社の純資産の20%を超えない場合は、完全親会社となる株式会社の株主総会決議は不要です（簡易株式交換）。また、相手方が自社の株式の90%以上を保有する株式会社（特別支配会社）である場合は、株主総会決議が不要です（略式株式交換）。

株式交換に反対した株主は、株式会社に対して反対株主の株式買取請求権（⇨ P.52）を行使することができます。事前・事後の情報開示として、関係事項を記載した書面などを本店に備え置き、株主や債権者の請求に応じて閲覧させる義務があることは、合併や会社分割などと同様です。株式交換の効果は、株式交換契約において定めた効力発生日に発生します。

債権者保護手続きは必要か

株式交換においては、株主が変わるだけで、会社の財産状態への影響は少ないため、当事者である株式会社の債権者の利益が侵害されるおそれは、あまりありません。そのため、原則として債権者保護手続きは不要です。

6 株式移転

株式移転とは

株式移転とは、１つあるいは複数の株式会社が、発行済株式の全部を、新たに新設する株式会社に取得させることです。株式移転については、当事者のすべてが株式会社であることが必要で、持分会社は株式移転の当事者となることができません。

たとえば、A株式会社とB株式会社の発行済株式のすべてを、株式移転として、新設する株式会社Cに対して取得させる場合が挙げられます。この場合、株式会社Cは、株式会社A・Bの発行済株式のすべてを保有するため、これらの株式会社の完全親会社となります。他の株式会社を完全子会社にするための方法という点では、株式交換と似ています。株式交換は、既存の株式会社や合同会社を完全親会社として、完全子会社となる株式会社の保有する株式を取得させる手続きであるのに対して、株式移転においては完全親会社になる株式会社を新設する点で、株式交換とは異なります。

また、株式移転によって新設される完全親会社は、自らは事業を行わない株式会社（純粋持株会社）である場合もあります。

どんな手続きが必要となるのか

株式移転を行う場合には、株式移転計画を作成する必要があります。その上で、株式移転に関する事項について、株主総会の特別決議による承認を得る必要があります。

とくに、複数の株式会社が完全子会社になる株式移転を行う場合（共同株式移転）には、完全子会社になる複数の株式会社が、共同して株式移転計画を作成し、それぞれの株式会社において株主総会の特

● 株式移転

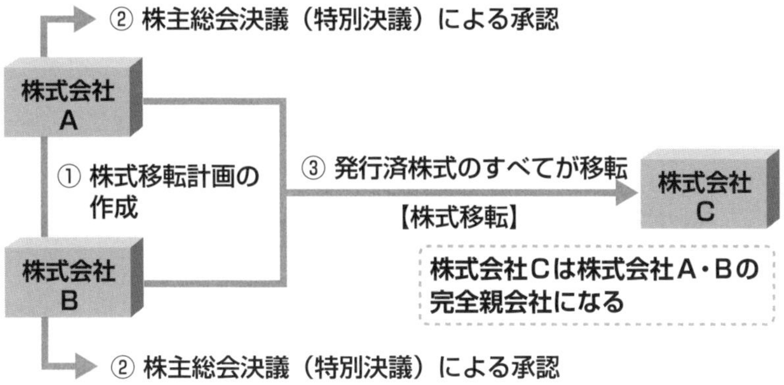

別決議による承認を得なければなりません。株式交換と異なり、簡易の手続きや略式の手続きにより株主総会決議を省略することはできません。株式移転により、完全子会社の株式はすべて完全親会社が取得することになるため、株式移転に反対する株主が保有する株式についても株式移転の対象に含まれます。そこで、株式移転に反対した完全子会社の株主は、反対株主の株式買取請求権（⇨ P.52）を行使することができます。

株式移転の効力は、株式移転により新設される完全親会社が設立登記によって成立した時に生じます。株式移転においても、株式交換などと同様に、株式交換に関する事項を記載した書面などを本店に備え置き、事前・事後の情報開示をする必要があります。

債権者保護手続きは必要か

株式移転についても、株式交換の場合と同様に、株主が変わるだけで、株式会社の財産状態への影響は少ないため、株式移転に関係する株式会社の債権者の利益が侵害されるおそれは小さいといえます。そのため、原則として、債権者保護手続きは不要です。

7 持株会社

持株会社とは

持株会社とは、他の株式会社を支配するために、その株式会社の株式を保有する株式会社です。持株会社は独占禁止法上の用語です。独占禁止法において、持株会社とは、子会社の株式の取得価額の合計額の当該会社の総資産額に対する割合が50%を超える会社を指します。現在は「ホールディングス」という名称の下で、企業グループを形成する例が多く見られます。なお、持株会社自身が事業運営を行うことが禁止されているわけではありません。自ら事業運営を行わず、他の株式会社を支配することのみを事業目的としている持株会社を純粋持株会社といいます。これに対して、自らも事業運営を行っている持株会社を事業持株会社といいます。

持株会社を頂点とする企業グループを形成した場合、持株会社がグループ全体の戦略を立案し、傘下の個々の会社をコントロールすることで、傘下の個々の会社の利益だけでなく、グループ全体の利益のために効率的な経営をしやすくなります。また、各事業部門を独立した会社として傘下に置くことで、各事業への権限の委譲が進み、意思決定のスピードの向上も期待できます。さらに、各事業部門が会社として独立していれば、不採算事業の撤退や新規事業への参入などの事業再編もしやすくなります。

ある会社を持株会社にするための手続きとしては、株式移転（⇨ P.182）や株式交換（⇨ P.180）の他、親会社の事業を子会社に承継させる方法（抜け殻方式）などがあります。

株式移転の場合、既存の会社は複数でもかまいません。既存の会社は完全子会社として傘下の会社となり、新たに設立する会社は完全親

● 持株会社（完全親子会社の場合）

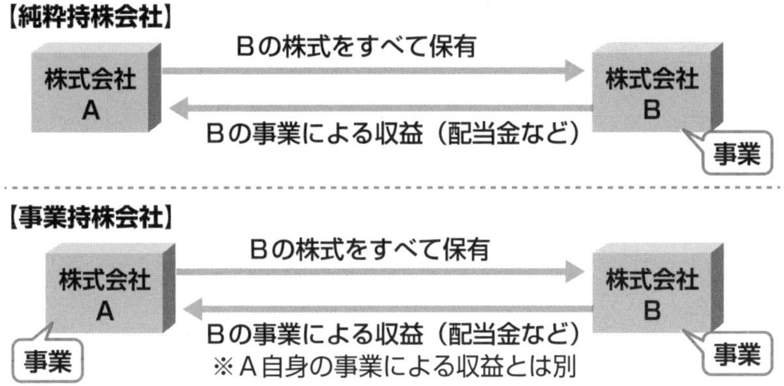

【純粋持株会社】

株式会社A —Bの株式をすべて保有→ 株式会社B（事業）
株式会社A ←Bの事業による収益（配当金など）— 株式会社B

【事業持株会社】

株式会社A（事業）—Bの株式をすべて保有→ 株式会社B（事業）
株式会社A ←Bの事業による収益（配当金など）※A自身の事業による収益とは別 — 株式会社B

会社として持株会社となります。既存の会社の株主には、対価として、新たに設立する会社の株式や金銭などが交付されます。株式を対価にすれば、金銭などの準備は不要です。

株式交換の場合、既存の会社が完全親会社として持株会社となり、相手方の既存の会社は完全子会社として傘下の会社となります。完全子会社となる会社の株主には、対価として、完全親会社となる会社の株式や金銭などが交付されます。株式移転と同様、株式を対価にすれば、金銭などの準備は不要です。

親会社の事業を子会社に承継させる方法（抜け殻方式）とは、親会社の事業を、事業譲渡、会社分割、現物出資などによって子会社に承継する方法です。現物出資による子会社の設立や新株発行の場合、金銭を準備することなく、持株会社を作ることができます。しかし、事業譲渡、会社分割、現物出資などは手続きに手間がかかります。

また、新会社を設立し、新会社が既存の会社の株主から株式を買い取ることで持株会社となる方法もあります。この場合、対価として金銭などの準備が必要です。

以上を比較すると、金銭などの準備が不要で、手続きの面倒も比較的少ない、株式移転や株式交換の方法が適切な場合が多いと考えられます。

8 株式交付

株式交付とは

株式交付とは、株式会社が自社（親会社となる株式会社）の株式を対象会社（子会社となる株式会社）の株主に交付することによって、対象会社を子会社化することができる制度です。令和元年12月に成立した改正会社法によって創設されました。

会社法には、自社の株式を対価として他の株式会社を子会社化する方法として、「株式交換」による手続きが存在します。しかし、株式交換は、子会社となる他の株式会社の全株主から全株式を強制的に取得するもので、100％子会社化（完全子会社）する場合にしか利用ができないという欠点があります。

また、子会社にしたい株式会社（相手方会社）の株式を取得する方法として、自社（親会社となる株式会社）の新株や自己株式を対価として交付する形で、相手方会社の株主から保有する株式の現物出資を受ける方法も考えられます。しかし、この方法は手続きが複雑で、時間やコストがかかるという欠点があります。

これらに対して、株式交付は、対象会社（子会社となる株式会社）の全株主のうち、申込みのあった株主からのみ株式を取得することで、対象会社を子会社化するための制度であり、対象会社を完全子会社化する必要はありませんので、100％子会社化する場合以外にも利用することができます。また、対象会社の株式の現物出資を受ける方法のように、複雑な手続きやコストを要することもありません。そこで、自社株を対価にする企業買収を促進するために、改正会社法によって株式交付の制度が導入されることになりました。

● 株式交付

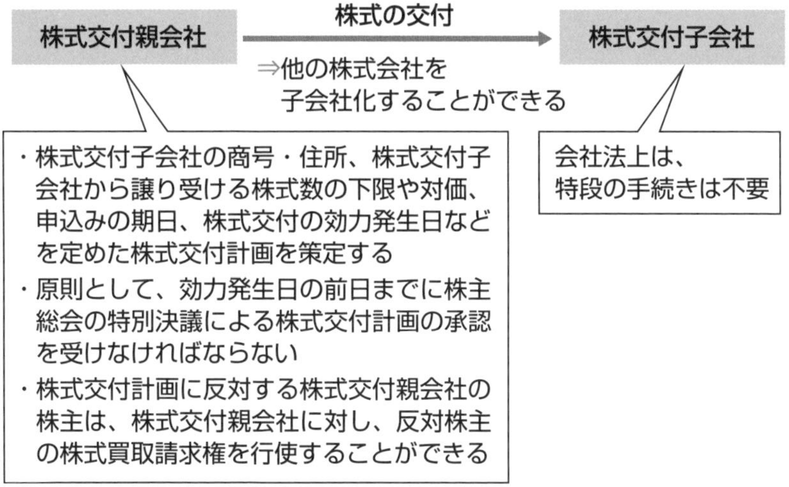

株式交付の手続き

株式交付の手続きは、親会社となる会社（株式交付親会社）と、子会社となる会社（株式交付子会社）の株主によって進められます。

株式交付親会社は、株式交付子会社の商号・住所や、株式交付子会社から譲り受ける株式数の下限や対価、申込みの期日、株式交付の効力発生日などを定めた株式交付計画を策定します。その上で、原則として、効力発生日の前日までに株主総会の特別決議による株式交付計画の承認を受けなければなりません。株式交付計画に反対する株式交付親会社の株主は、株式交付親会社に対して反対株主の株式買取請求権（⇨ P.52）を行使することができます。また、株式交付親会社の株式以外を対価として交付する場合には、合併などと同様の債権者保護手続きがとられます。事前・事後の情報開示の手続きがあることも、合併などと同様です。

これに対して、株式交付子会社においては、会社法上は、株式交付にあたって特段の手続きは不要です。

9 株式等売渡請求（キャッシュ・アウト）

キャッシュ・アウトとは

キャッシュ・アウトとは、現金を対価として少数株主を会社から排除することをいい、スクイーズ・アウトともいいます。キャッシュ・アウトは、株主の同意の有無にかかわらず、強制的にその株主から株式を取得し、特定の株主を株式会社から締め出すのが特徴です。実務では、おもに企業買収の際、買収会社以外の株主を排除するために、キャッシュ・アウトがなされます。

キャッシュ・アウトを実現するための方法としては、特別支配株主の株式等売渡請求が最も手間がかかりません。その他の方法の場合は、株主総会の特別決議（⇨ P.40）が必要です。ただ、議決権の90%以上の株式を集める難しさから、株式併合（⇨ P.144）を用いたキャッシュ・アウトが行われています。その他、全部取得条項付種類株式を用いたキャッシュ・アウトもあります。

特別支配株主の株式等売渡請求

特別支配株主の株式等売渡請求とは、株式会社の議決権の90%以上を保有する株主（特別支配株主）が、その株式会社の特別支配株主以外の少数株主や新株予約権者（売渡株主等）の全員に対して、金銭を対価として、その保有する株式や新株予約権（株式等）の売渡しを請求することです。買収会社としては、自らが特別支配株主にあたるときに、この方法によることができます。

特別支配株主は、対価として交付する金銭の額、売渡請求の対象になる株式等を取得する日などを決定し、それらの事項を株式会社に対して通知します。通知を受けた株式会社の取締役（取締役会設置会社

● 特別支配株主の株式等売渡請求

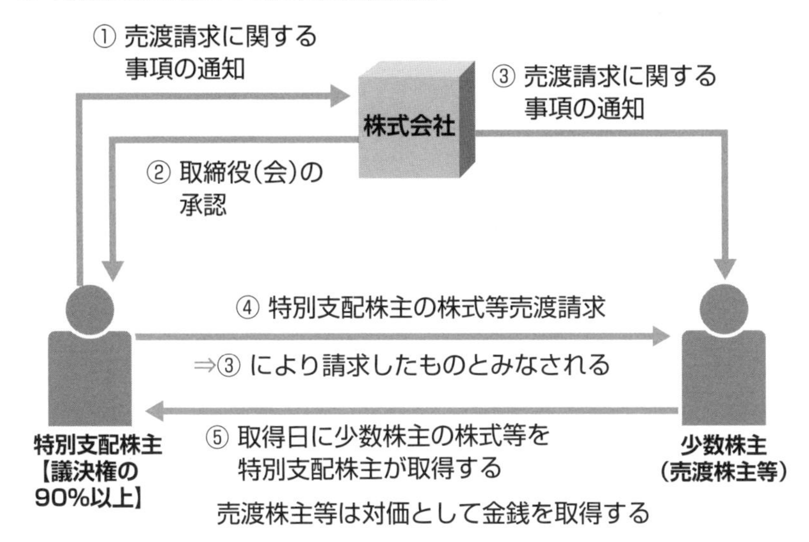

については取締役会）が承認を与えることで、特別支配株主の株式等売渡請求の行使が可能になります。

株式等売渡請求を承認した株式会社は、売渡株主等に対して、株式等の取得日の20日前までに、株式等売渡請求に関する事項を通知する必要があります。この通知によって、売渡株主等に対して株式等売渡請求が行われたとみなされ、特別支配会社は、あらかじめ定めた株式等の取得日に、売渡株主等が保有している株式等を取得することが可能になります。

なお、売渡株主等を保護するためのルールとして、売買価格に不満がある売渡株主等は、特別支配株主が株式等を取得する日の20日前から取得日の前日までの間に、裁判所に対して、売渡株式等の売買価格決定の申立てを行うことができます。この他、株式等売渡請求に法令違反などがある場合の差止請求、売渡株式等の取得無効の訴えなども認められています。

株式併合を用いるキャッシュ・アウト

たとえば、上場会社を買収しようとする際、その議決権の90％以上の株式を集めるのは困難な場合があります。被買収会社の議決権の90％以上の株式は集められないが、株主総会の特別決議が可能な３分の２以上を集めた場合には、**株式併合を利用したキャッシュ・アウト**を行うこともあります。

株式併合を行う場合、被買収会社の株主総会の特別決議が必要です。特別決議は、出席株主の議決権の３分の２以上の賛成があれば成立するため、議決権の90％以上を集めることができないとしても、議決権の３分の２以上の株式を集めることができれば、特別決議が可能になります。このとき、特別決議によって、買収会社以外の株主が保有する株式については、すべて１株に満たない端数となるような割合で株式併合を行います（たとえば、10万株と１株とする株式併合など）。株式併合の結果、１株未満の端数が生じた株式は、すべて金銭と引き換えに被買収会社に買い取られますので、被買収会社には買収会社以外の株主がいなくなります。

株式併合から少数株主を保護するためのルールとしては、事前・事後の情報開示制度（⇨ P.144）の他、反対株主の株式買取請求権、法令・定款違反の株式併合により株主が不利益を受けるおそれがある場合の差止請求などがあります。

なお、株式併合は以前からある制度ですが、平成26年成立の会社法改正前は、キャッシュ・アウトの手段として使われることはほとんどありませんでした。改正前は上記の少数株主保護の制度が不十分だったためです。少数株主が株主総会決議取消しの訴えなど、株式併合の決議自体を無効化する訴えを起こした場合、少数株主保護の制度が不十分であることから、裁判所が少数株主救済のため、その言い分を認めるのではないかと懸念されていたようです。

● 二段階企業買収のイメージ

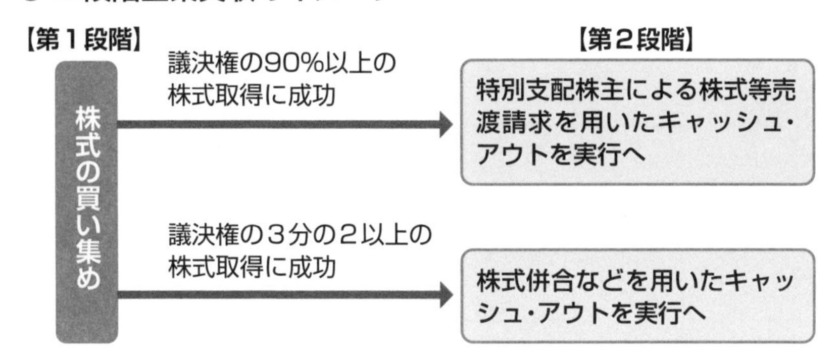

全部取得条項付種類株式を用いるキャッシュ・アウト

全部取得条項付種類株式とは、株主総会の特別決議により、株式会社がその種類の株式の全部を取得することができる種類株式のことです。もともとは事業再生の局面で減資をするために利用することを想定して導入されたものですが、キャッシュ・アウトのために利用することもできます。この方法も株主総会の特別決議が必要なので、買収会社は事前に公開買付けなどをして、議決権の３分の２以上の株式を集めておく必要があります。

そして、発行済株式の全部を全部取得条項付種類株式に変えるなどの定款変更を行います（定款変更は特別決議を要する事項です）。その後、全部取得条項付種類株式を被買収会社が取得する特別決議を行います。この決議の際、取得対価として株式を割り当てる場合は、買収会社以外の少数株主に１株未満の端数が割り当てられるようにします。その結果、前述した株式併合と同じように、少数株主の株式が金銭で買い取られることになります。

平成26年成立の会社法改正前は、キャッシュ・アウトの方法としては、全部取得条項付種類株式を用いた方法が最も利用されていました。現在は、特別支配株主の株式等売渡請求の制度の導入などによって、キャッシュ・アウトの手法の選択肢が広がっています。

10 定款の変更

どんな場合に定款変更をするのか

会社の設立の際に初めて作成する定款を原始定款といいますが、会社が事業を継続する過程において、いつまでも原始定款の内容のままでは、不都合が生じる場合があります。たとえば、会社が成長してオフィスが手狭になったために、会社の本店（本社）を移転する必要が生じたとします。定款には、本店所在地が記載されています。本店所在地を変更するには、定款を変更する必要があります。また、定款には、会社の目的が記載されています。会社の目的に新規事業に関する事項を加えようとするときは、**定款変更**が必要です。

定款の記載事項には、必ず定款に記載しなければならない事項（絶対的記載事項）、記載の有無は自由だが効力を発生させるには定款に記載しなければならない事項（相対的記載事項）、記載の有無は自由であり効力を発生させるのに定款に記載することも要しない事項（任意的記載事項）があります。いずれの記載事項も、いったん記載した内容を変更するときは定款変更の手続きが必要です。

どんな手続きが必要となるのか

株式会社の定款の記載内容を変更するには、原則として株主総会の特別決議が必要です。定款変更の例として、商号の変更、会社の目的の変更、本店所在地の変更、公告方法の変更、各種会社機関の変更などがあります。さらに、定款変更が株主の利害や権利の喪失の他、株主平等に関わるときには、たとえば、以下のように要件が加重されることがあります。

まず、①発行する全部の株式に譲渡制限を付ける場合などは、株主

● 定款変更の手続き

変更事項	必要な手続き
商号の変更	株主総会の特別決議が必要
会社の目的の変更	
本店所在地の変更	
公告方法の変更	
各種会社機関の変更　など	
全株式に譲渡制限を付ける場合　など	株主総会の特殊決議が必要
全株式に取得条項を付ける場合　など	株主全員の同意が必要
株式の種類の追加などの一定の事項であって、既存の種類株主に損害を及ぼすおそれがあるとき（種類株式発行会社の場合）	株主総会の特別決議＋種類株主総会の特別決議が必要

総会の特殊決議が必要です。この特殊決議は、議決権を行使することができる株主の半数以上で、かつ、当該株主の議決権の３分の２以上の賛成が必要です。②株主ごとに異なる取り扱いをする旨を定款に定める場合は、特殊決議として、議決権を行使することができる株主の半数以上で、かつ、当該株主の議決権の４分の３以上の賛成が必要です。③発行済みの全部の株式に取得条項を付けるときは、株主全員の同意が必要です。取得条項とは、一定の事由が生じた場合に株式会社が株主から株式を強制的に取得することができるとする条項です。④株式の種類の追加などの一定の事項で、既存の種類株主に損害を及ぼすおそれがあるときは、株主総会の特別決議に加え、種類株主総会の特別決議も必要です。

　他方、定款変更により株主に不利益が生じないときは、株主総会の特別決議によらずに定款変更できるものがあります。たとえば、一定数の株式を有する株主に１個の議決権を認める単元株式制度を採用する株式会社において、単元株式数を減少するか、または制度自体を廃止するときは、取締役の決定（取締役会設置会社の場合は取締役会の決議）で行うことができます。

11 会社の組織変更

組織変更とは

株式会社を持分会社に変更したり、持分会社を株式会社に変更することを組織変更といいます。会社法が定める会社には、株式会社と持分会社があります。いったん株式会社を設立したものの、会社の経営環境の変化に伴い、持分会社の形態の方が経営にふさわしい状況が生じるかもしれません。その逆もあります。このような場合、組織変更により会社形態を変更することができます。なお、持分会社の間（合名会社、合資会社、合同会社の間）で会社を変更することは、組織変更ではなく、持分会社の種類の変更といいます。

株式会社が持分会社になるための手続き

株式会社が組織変更をする場合、組織変更計画を作成します。組織変更計画には、どの種類の持分会社になるか、持分会社の社員に関する事項、持分会社の定款で定める事項、株主に対し株式に代わり金銭などを交付するときはこれに関する事項、新株予約権者に対し新株予約権に代わり交付する金銭に関する事項、組織変更の効力発生日、などを定めます。

組織変更をする株式会社は、事前の情報公開のため、組織変更計画を本店（本社）に備え置き、株主や債権者に対して開示し、組織変更計画について、総株主の同意を得なければなりません。

株式会社が新株予約権を発行していた場合、新株予約権者は、株式会社に対し、新株予約権の買取請求ができます。また、会社債権者が組織変更に異議を述べる機会を得られるように、株式会社は、官報公告と個別の催告をする必要があります（債権者保護手続き）。なお、

● 株式会社が持分会社になるための手続き

1 組織変更計画の作成

↓

2 組織変更計画を本店（本社）に備え置く

⇒ 組織変更計画について総株主の同意を得なければならない

↓

3 債権者保護手続き

官報公告と会社債権者への個別の催告を行う

↓

4 組織変更の効力発生日から２週間以内に、株式会社について解散登記を申請し、持分会社について設立登記を申請する

※ 新株予約権者は株式会社に対して新株予約権の買取請求ができる

株式会社が株券を発行しているときは、株主と登録株式質権者に対し、株券の提出に関する公告と通知をしなければなりません。

以上の手続きが完了すると、組織変更は効力発生日に効力が生じます。そして、効力発生日から２週間以内に、株式会社について解散登記を申請し、持分会社について設立登記を申請します。

持分会社が株式会社になるための手続き

持分会社が組織変更する場合も、「組織変更計画」を作成します。組織変更計画には、株式会社の定款で定める事項、株式会社の機関に関する事項、持分会社の社員が取得する株式に関する事項、持分会社の社員に対し持分に代わり金銭などを交付するときはこれに関する事項、組織変更の効力発生日などを定めます。

持分会社においては、組織変更計画を事前に開示する必要はありませんが、総社員の同意により組織変更計画が承認されなければなりません。また、債権者保護手続きは必要です。

手続きがすべて終了すると、効力発生日に組織変更の効力が生じ、効力発生日から２週間以内に、持分会社について解散の登記を申請し、株式会社について設立登記を申請します。

12 株式会社の解散

解散とは

事業活動をやめて会社を消滅させる手続きを開始することを解散といいます。株式会社の場合は、解散によって清算株式会社となり、清算手続きを行うのが原則です。清算が結了（完了）すると会社の法人格が消滅します。株式会社の解散事由は、以下のように7つあります。例外として、④⑤⑦の場合は、会社法が定める清算手続きは行われません。

① 定款に株式会社の存続期間を定め、その満了により株式会社が解散します。この場合、満了日の翌日が解散日になります。

② 定款に定めた解散事由が発生することにより、株式会社が解散します。たとえば、特定の人物の死亡や特定の事業の終了をもって、株式会社を解散すると定めた場合です。

③ 株式会社は、株主総会の特別決議により解散します。株式会社の存続について、その構成員である株主の意思により決定することができます。

④ 株式会社は、消滅会社として他の会社と合併することにより解散します。合併の場合は、清算手続きによって法人格が消滅するのではなく、合併手続きによって法人格が消滅します。

⑤ 株式会社は、破産手続開始の決定を受けると解散します。この場合は、破産法が定める破産手続きにおいて株式会社の清算が行われ、その終了によって法人格が消滅します。

⑥ 裁判所の裁判により株式会社が解散する場合もあります。そのひとつは解散命令です。株式会社の設立が不正な目的に基づく場合など、公益を確保するため株式会社の存立を許すことができないときに、法務大臣や株主などの利害関係人の申立てにより、裁判所が株

株式会社の解散事由

①存続期間の満了	満了日の翌日が解散日になる
②定款に定めた解散事由の発生	特定の人物の死亡や特定の事業の終了など
③株主総会の特別決議	株主の意思決定による解散
④他の会社との合併による消滅	合併手続きによって法人格が消滅する
⑤破産手続開始の決定	破産手続きの終了により法人格が消滅する
⑥裁判所の裁判による解散	解散命令
	解散判決
⑦休眠会社のみなし解散	法務大臣が休眠会社に事業を廃止していないことを2か月以内に届け出るよう官報に公告し、その期間内に届出をしないと解散したとみなされる

式会社に解散を命令します。もうひとつは解散判決です。一定の事由がある場合に、株主は、裁判所に対して株式会社の解散を請求することができます。

⑦　休眠会社（最後に登記をしてから12年を経過した株式会社）のみなし解散によって解散する場合もあります。法務大臣が休眠会社に事業を廃止していないことを２か月以内に届け出るよう官報に公告し、その期間内に届出をしないと解散したとみなされます。

会社の継続

解散したものの清算手続きが終了していない株式会社は、株主総会の特別決議により通常の株式会社に復帰し、その事業を再開することができます。これを**会社の継続**といいます。会社の継続を決定する株主総会では、復帰後の役員や機関設計についても決定します。会社の継続を決定できるのは、前述した７つの解散事由のうち、①定款で定めた存続期間の満了、②定款で定めた解散の事由の発生、③株主総会の決議、⑦休眠会社のみなし解散により解散した場合に限定されています。

13 株式会社の清算

清算の種類

清算とは、解散した株式会社（清算株式会社）の法律関係の後始末をする手続きです。清算には、通常清算と特別清算があります。通常清算では、ⓐ現在残っている株式会社の業務を終了させる、ⓑ債権を回収して債務を弁済する、ⓒ残余財産を株主に分配する、などを行います。特別清算は、裁判所の監督下で行われる清算です。清算株式会社において、清算の実施に著しい支障を生じさせる事情がある場合や、清算株式会社の財産では債務の完済ができない状態である（債務超過）疑いがある場合に、裁判所が、債権者や清算人などの申立てを受けて、特別清算の開始を命令します。

清算株式会社の機関

清算株式会社に取締役は存在せず（解散時に退任します）、清算人が清算業務を執行します。清算人には、①定款で定めた者、または②株主総会の決議で選任された者が就任しますが、これらの者がいないときは、③取締役が清算人になります。取締役も存在しないときは、④利害関係人の申立てにより裁判所が清算人を選任します。清算人は清算株式会社を代表しますが、定款の定め、定款に基づく清算人の互選、株主総会の決議のいずれかによって、清算人の中から代表清算人を選任できます。

清算人以外の清算株式会社の機関として、清算人会、監査役、監査役会を置くことができます。なお、監査役会設置会社には清算人会を置く必要があります。解散の時点で公開会社または大会社であった清算株式会社には、監査役を置く必要があります。

● 株式会社の通常清算の手続き

① 解散の登記と清算人の登記の申請

↓

② 清算人が清算株式会社の財産の状況を調査し、解散日における財産目録と貸借対照表を作成

↓ ⇒ 株主総会において財産目録と貸借対照表の承認を受ける

③ 債権債務関係の整理

↓ ⇒ 債権の取立て、債務の弁済、残余財産の分配

④ 決算報告書を作成し株主総会の承認を受ける

↓ ⇒ 株式会社の法人格の消滅

⑤ 株主総会の時から２週間以内に清算結了の登記を申請する

通常清算の手続き

解散事由が生じると、解散の登記と清算人の登記を申請します。その他に、清算人は、清算株式会社の財産の状況を調査し、解散日における財産目録と貸借対照表を作成した上で、株主総会において財産目録と貸借対照表の承認を受けます。

清算人は、清算株式会社の残存する業務を終了させつつ、債権債務関係の整理を行います。債権者に公平に弁済を受ける機会を与えるため、債権者に対して２か月以上の期間を定めて債権を申し出るよう官報に公告し、所在が判明している債権者には個別に通知します。そして、債権申出期間の経過後、申出があった債権者に対して弁済をします。債権申出期間中に申し出ないと、所在不明の債権者は清算から除外されます。債権申出期間中は、原則として債務の弁済ができませんが、裁判所の許可を得て一定の債務を弁済できます。債務を弁済しても財産が残っていれば、これを株主に分配します（残余財産の分配）。

以上の清算事務の終了後、清算株式会社は、決算報告書を作成し、株主総会の承認を受けると、法人格が消滅します。この株主総会の日から２週間以内に清算結了の登記を申請します。

装　丁　　やぶはな　あきお

社会人の法律レッスン
会社法ビギナーズ　令和元年 12 月法改正完全対応！

2020 年 6 月 26 日　第 1 刷発行

編　者　　デイリー法学選書編修委員会
発行者　　株式会社　三省堂　代表者　北口克彦
印刷者　　三省堂印刷株式会社
発行所　　株式会社　三省堂
〒 101-8371　東京都千代田区神田三崎町二丁目 22 番 14 号
電話　　編集（03）3230-9411　　営業（03）3230-9412
https://www.sanseido.co.jp/
〈DHS 会社法ビギナーズ・200pp.〉

ISBN978-4-385-32526-2